JN018132

中国駐在ハック

新任者が出足で
つまずかないために
今すぐできる心構え

小島庄司 著

Dao and Crew 代表

日経BP

◇ 新型コロナウイルスの広がった世界で

　この「まえがき」を書いているのは 2020 年 4 月。2 月末の予定だった本書の出版が新型コロナウイルスで延期となり、それから世界の様相が一変しました。あまりにも大きな変化をはさんだので、はじめにの前にひと言書くことにしました。

　私とコロナウイルスには節目で因縁があります。前回は 2003 年。「中国で経営を任せたい」と声をかけられましたが、SARS で 1 年半延期に。遅れた結果、資金が尽きかけた状態から経営を引き継ぐことになりました。そんな状況でなければ、当時、誰もが敬遠するような面倒で厄介な組織の問題に、素人の私が手を突っ込むことなどなかったと思います。

　そして今回は新型コロナウイルス。治療法やワクチンが開発されれば現在の事態は終息に向かうでしょうが、世界の少なくない部分は、もう元の時代には戻らないように感じます。コロナ前・コロナ後と表現されるようになるかもしれません。

　まずコロナウイルス禍により世界中で企業の淘汰が進んでいます。運よくこの状況でも売上の立つ業界に位置していた企業を除けば、十分な手元資金か機敏な環境適応がなければ生き延びられません。業界の位置づけ・慣習・序列・成功モデルなど、いろいろなことがリセットされるでしょう。

　経営学の潮流もきっと変化します。「現金を手元に寝かせるのは無駄。有効に働かせなければ」と言われてきましたが、今回のような事態では手元資金こそ命綱。日本の長寿企業

が守ってきたような「過剰流動性」（通常必要な水準を大きく超えて現金化できる形で置いておくこと）が再評価されるはずです。

　仕事の仕方も大きく変わります。テレワークやリモートマネジメントは、組織の本当の生産性やチーム力をあぶり出しました。テレワークでチームワークが阻害されるどころかむしろ加速すると気づいた会社は、コロナウイルス禍が収まっても元のやり方には戻さないでしょう。新たなチーム作業のスタイルに適応できるかどうかで、差はどんどん広がると思います。

　世界における中国の位置づけも変化するでしょう。今回のコロナウイルス禍は、いろいろな意味で世界における中国の影響力・存在感を際立たせました。中国が世界的大事態の中心にいたとも言えます。米国や欧州との関係など、さまざまな変化が生じるでしょうが、世界の極の一つとして中国が影響力を拡大していくことは間違いありません。中国駐在とは、世界の渦の中心に飛び込むような一大経験であることを、この非常時に改めて感じています。

　生命の歴史も人類の歴史も、環境変化への適応の歴史でした。今回のコロナウイルス禍は大きな犠牲と苦しみを強いていますが、これを乗り越えて切り拓く未来が、次世代を担う子どもたちにとって、よりよいものになることを願ってやみません。

2020 年 4 月 緊急事態宣言下の神戸にて
小島 庄司

目　次

≪≪ 第1章　5年前とは一変！中国駐在員のリアル ≫≫

第 2 章　日本人と中国人はこんなに違う

第4章　勝負の1年目、まずは「バカにされない」

はじめに

　私が中国に来て4年目ぐらいのときに、中国現地法人の日本人駐在員から突然電話がかかってきました。

「今、北京空港で機内に乗り込んだところです。これが現地責任者として最後の電話です。今回は本当に申し訳ない。無念です。こんなことを頼むのは筋違いかもしれないが、社内に残った改革チームのメンバーたちの行く末だけは、よろしくお願いします。今回のようなことが他社で起きないよう、いつか本にでも書いてください」

　この電話の10日前まで、私たちは一緒に大がかりな組織改革を手がけていました。私にとっては、仕事の規模も客先企業への影響度も難易度も、すべてが初めての大きさでした。

　1年ほどかけて、幹部・管理者を外部から登用して入れ替え、制度や規定を作り直し、これらの過程で生じる労務問題や摩擦への対応などを進め、あと一押しで社内の空気を改革モードに変えられるところまで来ていました。

　あと一押しとは、問題社員の解雇（本書の第9章で解説する「一罰百戒」）です。想定されるリスクを何度も洗い出し、

どう転んでも対処できる段取りまで済ませていました。今だから書けますが、「問題社員が腹いせに会社の前で焼身自殺しようとし、そこにメディアを呼んでいたらどうするか」というケースまで織り込んでいました（本当にやりそうだったわけではありません、念のため）。

　問題社員の解雇を決定した週末の会議を終えたとき、武者震いのような緊張感がありました。油断はありませんでしたが、ただ1つ、今になれば欠けていたとわかるものがあります。それは、場数です。

　翌月曜日、事態は暗転しました。あまり生々しいことは書けませんが、要は、中国側出資者と日本人駐在員の関係、日本本社における派閥争いなどが絡み、日本本社が「一切の手を止めろ。何も進めてはならない」と命じ、そのまま駐在員を強制帰国させてしまったのです。事実確認や意見聴取の機会は一切ありませんでした。冒頭の電話は、日本人駐在員が帰国する際に私にかけてきたものです。

　帰国した日本人駐在員に代わって主導権を握った中国側のトップは、「罪人〇〇（帰任した日本人の名前）は追放された！」と全体集会で叫び、強烈な復古が始まりました。私にできることは、会社を離れざるを得なくなった改革チームのメンバーの転職を支援することくらいでした。

あの電話から10年以上経ち、一罰百戒に関わる案件は、大小合わせれば数百件手がけてきました。反省することも、初めて遭遇する事態もありましたが、あの事件以来、私が主導した案件で改革リーダーを守れなかったことはありません。

　さまざまな経験をする中で、共に戦ってきた仲間から「この話、いつか本にしてよ。他の会社で同じことを繰り返さないためにも」という苦い話を伺うことは何度もありました。言い残した皆さんは帰任していきましたので、その思いはすべて私と私のチームに積み上がりました。10年前には不足していた「場数」は確実に増えています。

　今回、このような形で、中国現地の組織をまとめる皆さん向けの本を出せることになりました。全編、背後には膨大な実例があります。著者の欄には私の名前がありますが、これは現地の最前線で共に戦ってきた仲間たちとの共著のようなものです。たくさんの人たちから渡されたバトンやタスキを私がつないだものにすぎません。ぜひ先達の挫折・苦悩・悲哀、そして努力・工夫・創意を無駄にせず、多文化混成組織のリーダーとして、ワールドクラスの環境で活躍していただきたいと思います。

◈ 中国現地法人には「人と組織」にまつわる課題が山積

　私は2004年に中国に渡り、仕事も生活もずっと中国を拠

点にしてきました。仕事は、中国をはじめとするアジアの日系企業の課題解決支援です。日系企業が進出しているほぼすべての地域が対象で、天津、唐山、北京、大連、山東省の青島、煙台、そして上海、広州、深センなどで活動しています。

業務範囲は、現地の組織で発生するトラブルや課題全般の解決です。主に組織・労務・人事・法務など、税務会計を除く管理部門の管轄する業務ですが、相談先に困った問題を持ち込まれることも多いです。夜逃げ相談やナイトライフの問題などは、本社・取引先・金融機関などに相談できませんから、人づてに相談が持ち込まれることがあります。営業や製造、技術開発など各社さんが強みとする領域を伸ばす仕事ではなく、組織や内外のトラブル対応のように、皆さんが後手に回ったり苦手だったりする領域を主戦場としています。

特に交渉や談判が絡むトラブル対応は、「自社で手に余った」「専門家に頼んでもうまくいかなかった」といった末に、私のところに持ち込まれるケースが多く、弁護士とも協業して、多種多様なトラブルを解決してきました。取引先や社員とのトラブル、役所との見解の相違は想像以上に起きるもので、企業の代わりに示談交渉の最前線に立ったり、必要に応じて裁判や仲裁、役所との対応などに当たったりしています。

こうした「人と組織」にまつわる課題は、どんな業態（例えば、貿易、製薬、自動車、飲食など）でも付いて回ります。業種や規模の大小にかかわらず、すべての現地法人が共通して直面する課題と言えるでしょう。

　トラブルが起こればクライアント企業と協力して火消しに走り、根本的な問題解決まで踏み込みます。以前は現地トップの権限で解決できるケースがほとんどでしたが、数年前から扱う話が重くなり、日本の本社が関わらないと処理できないケースが増えてきました。例えば、事業撤退、拠点の合併、独資化、あるいは中国側への事業売却、現地トップの解雇などです。

　こうした課題は現地だけでは手に負えませんので、日本でも活動できるように、2017年に日本にも会社を作りました。現在は、東京、大阪、名古屋など、日本側の本社に出向いて進出先の課題解決をしたり、拠点をまたがる話をしたりしています。皆さんに知っていただくだけで予防、抑制効果のある話も多いので、できるだけ情報発信機会を作るようにもしています。

　駐在員の立場からすると、何か問題があったときに後ろ（＝本社）から矢が飛んでくるのか、盾になってもらえるのかで構え方がまったく異なります。現地で起きているトラブルや不正を赤裸々に日本側へ伝え、日本側の感覚で安易

に対策を指示しても現地の現実には通用しないこと、そして、本社の皆さんの仕事は「放任でも本社主導の管理でもなく、現地の仕事のサポートですよ」と理解してもらうことも、私の重要な仕事です。

　現実に直面している現地駐在員と、海を渡ったところにいる本社の皆さんには認識に大きな隔たりがあります。それはやむを得ないことではありますが、本社が現地の状況を理解せず、すでに大きな問題が起きているのにさらにプレッシャーをかけてしまうと、最前線で対応している駐在員が苦しくなるだけです。そうしたことを理解してもらうように活動しています。

　こうした経験を基に、各地の商工会議所や銀行、大学などで登壇機会をいただいて、日本の皆さんに中国現地の実情を理解してもらう活動もしています。中国市場のレベルは「ワールドクラス」です。「アジアローカル」ではありません。日本市場には進出していない世界的な企業が中国市場に参戦しています。世界の強豪がひしめき、中国国内勢も世界のトップクラスに躍り出てきている世界基準の市場なのです。そこで生き抜き、負けない戦いを進めていくには、中国現地での「人と組織」の問題はとても大きな経営課題と言えるでしょう。

◇5年前より難度は高くなっている

　今から中国へ行く皆さんは、5年前や10年前の駐在員よりも大変だと思います。もちろん食事や生活環境の面では現在の方がはるかに改善されています。昔は、電気が止まる、お湯が出ない、といったトラブルは日常茶飯事でした。今はそういう苦労は少なくなりましたが、トータルでビジネスを考えるなら、現在の方が圧倒的に難しいです。

　まず、「先進的な日本や欧米の基準で対応すれば大丈夫」という認識を改めなくてはなりません。なぜなら、この認識は2つの意味で間違っているからです。

×従来の認識→先進的な管理手法は成長途上国でも通用する
○正しい認識→事実はむしろ逆

　現地で一緒に戦った駐在員の皆さんと帰任後に再会すると、よく言われることがあります。「ウチの海外組織管理は、『北米閥』が仕切っている。彼らは米国や欧州こそが先端であり、そこで自分たちが見聞きしたことが世界のモデルだと信じ込んでいる。しかし、現実には中国やインドで彼らの手法はまったく通用しない。現地管理を大混乱に陥れるケースもあるが、その原因が自分たちの考え方にあると認識していないので、同じことを繰り返す。そんな彼らは日本本社で主流派を結成し、昇進も速いため、結果責任を問われることもない。一方、中国やアジアの経験者は下ランク

に見られ、中国経験者などほとんど異端者扱い。このままでは中国現地で競争力を維持できない」。

　私も同じ危機感を持っています。例えば契約を考えてみましょう。日本や欧米では、契約文化が根付き、約定事項は基本的に順守する。違約や見解不一致があれば裁判所や仲裁機構で解決を図る。司法機関は中立公平な立場を確立しており、判断の根拠や過程も透明化されているため、当事者はその判断に従う。従わない場合には、社会的制裁も含め非常に高い代償を払わされる。

　このような環境下では、契約書で約定さえしておけば、ある程度の利益は保護できます。紛争が生じた時点で、過去の判例やケース分析により、裁判の見込み、リスクなども想定することができます。

　一方の中国。パートナーの弁護士に聞かれたことがあります。「日本人は中国における取引契約の要点をまったく理解していない。裁判所の強制執行による回収率を知っているか」。

　この質問の意味を正しく理解するには、中国で中国企業を相手に裁判を起こすとどうなるかを理解する必要があります。

まず、「中立公平な立場で、または明確な根拠に基づいて審理されるか」というハードルが待ち受けています。そのハードルを越えたとしても「判決や裁決でこちらの主張が認められるか」というハードルがあり、幸いにしてこちらが勝訴しても、まだハードルは続きます。

　敗訴した相手が判決に基づく義務を履行しない（金を払わない）ことがありますが、中国企業相手に乗り込んで腕ずくで金目のものを押さえるわけにもいかないので、裁判所に強制執行を申し立てます。ここで先の弁護士の質問にたどり着きます。ここまでやって回収できる債権や賠償は、通常10％以下だそうです。

　このような国において、自社の正当な利益を守るためには、隙のない契約書を交わすだけではまったく不十分です。成熟・洗練された国における管理手法は、そうではない国において通用しないのが現実です。

×従来の認識→日本の方が先進的
○正しい認識→環境基準などすでに逆転も

　中国政府の労働問題や環境問題に対する姿勢は、短期間で大きく変化しました。まず2008年に労働分野の法律が大きく見直され、人員削減や解雇がかなり自由に行えた時代から、何か不満や利害不一致があれば、社員から直ちに訴

えられる時代に激変しました。

　次いで2016年ごろからは環境や安全の分野においても非常に厳しい規定が相次いで制定されました。対応が後手に回ると、巨額の罰金や改修費用の支出を余儀なくされたり、ラインや工場の操業を即時停止させられたりします。文字通り会社の存亡に関わるような経営課題となったのです。

　大手自動車メーカーさんが「これまでは、規制された事項について指標をクリアすればよいという発想で対応してきたが、これからは改める。政策の目的を理解し、先取りして対応レベル全般を上げていく姿勢がないと、打ち手が遅れる」と言われていたのが印象的です。

　こうした変化に共通することは、「企業や経済の発展を犠牲にすることもいとわない」という政府の姿勢です。これは従来あり得なかった優先順位の大転換であり、最近の駐在員が直面する高いハードルです。

◇ 現地法人　組織成長の五段階

　現地法人が時代の変化に流されず、「自律成長を継続できる組織」であってほしいというのは、経営者に共通の願いだと思います。**図表0-1**は、現地法人はこうやって成長していけたらいいよねという段階をまとめたものです。

レベル5	経営人材を輩出している
レベル4	経営まで現地で自立できている
レベル3	業務管理は現地で自律できている
レベル2	日常業務は普通に回せている
レベル1	監督しないと日常業務に支障がある
論外	規律破りや故意の不良が横行している

図表0-1　現地法人　組織成長の五段階

　下から見ていきましょう。

　「論外」というのは、会社のルールを故意に破る人間が横行している状態です。意図的な不良や不正がなくならず、悪い噂を耳にするけど手が打てていない。これは、文字通り論外です。

　レベル1は「監督しないと日常業務に支障がある」、別の言い方をすれば、「明らかな悪さをしようという者はいない」段階です。「いない」というのは、会社として許さないということです。核となる社員が出てきて、悪質な問題が生じた際に毅然とした対応が取れるようになり、少なくともルール破りや不正をする輩はいなくなっているというのがこのレベルです。

　レベル2は、「日常業務は普通に回せている」段階。悪いことをしないだけではなく、言われたことは言われた通り

にできるレベルです。教育指導や標準化により、社員が「自分は何を、どうやればいいのか」が明確になっており、各部署に核となる社員が定着し、駐在員の入れ替わりが多少あっても、直ちに業務が滞ることはない状態です。現在の日系現地法人では、ここまで到達しているところが多いと思います。言われたことはするけど、言われていないことを自発的にはしない。これがレベル2です。

　レベル3になると、「業務管理は現地で自律できる」ようになります。計画を立てて実行し、問題があったら改善策を立てられる。各部署の業務は基本的には任せておいて大丈夫な状態です。上層部には相談や承認申請だけが上がってきて、上司が方針を示せば、後は下の管理者が考えて実施できる。ここまで来ればレベル3です。

　レベル4は、「経営まで現地で自立できている」段階です。現地の幹部や管理者が経営の観点を持ち、毎期の業績を上げるだけでなく、自ら意欲的な挑戦課題・経営目標を設定して、それを追求できている。駐在員が交代しても、それにより経営体制がぐらついたりしない。日本側の支援や指導がなくても自己成長を続けられるレベルです。本社から「いやぁ、天津拠点は意欲的な取り組みをやっているなぁ」と褒められたり、チェコだとかインドネシアだとかメキシコあたりの拠点から、「ちょっと蘇州へ行って勉強してこい」と言われたりするような段階です。

レベル5は、現地法人が「経営人材を輩出している」段階です。この段階を実現するには、本社・グループにおける人材活用の柔軟な制度が必要です。優秀な管理者に育った人材をさらに経営人材まで伸ばすには、経営を担える機会がなくてはなりません。レベル5は、経営課題をクリアし、希望する人が中国の他拠点や他国の拠点で続々と経営に挑戦しているような段階です。

　通常の現地法人管理で到達できるのは、レベル3あたりまでです。レベル4〜5を目指すには、本社の人事制度を変えなければなりません。リーダーシップを発揮できるエース級人材が日本から赴任し、彼らに本気で組織づくり、中核人材の育成に取り組んでもらわないと、レベル4には届かないからです。

　これを実現する一番早い方法は、海外法人での経営実績を、本社経営クラスへの登竜門とすることです。例えば、「事業機能を持った海外法人において4年以上の経営経験と実績がなければ、本社の執行役員にはエントリーできない」というルールを設定します。こうなると、意欲のある優秀な管理者クラスは、海外勤務に手を挙げます。彼らに目をかける役員も、現在のように「出世が遅れるのは可哀想だから、海外には行かせない」などとエース級を国内にとどめようとしなくなります。本社の各部署もこれまでのように上から目線で現地法人を扱うことはできません。今度行く駐

在員は、将来の役員候補ですから、ぞんざいな対応をすると後で自分が後悔することになります。

　赴任者のミッションには、必ず人づくり・組織づくりを加えます。エース級人材が明確な課題と意欲を持って現地にやってくれば、現地社員たちにとってもいい刺激、学習機会となります。万が一、エース級と評された人材が現地で実績を挙げられなくても、それはそれで意味があります。グループを統括する経営者としての適性の有無を事前に選別することができたからです。このような人材は管理者やスペシャリストとして処遇できます。そしてこの施策の最大の利点は、新たに本社・グループ経営を率いることになった役員が、すでに経営経験と実績を有しており、海外経験も現地幹部や政府とのパイプも築けていることです。

　現地赴任時のミッションという話に戻ると、現地法人の事業ステージによって経営課題が異なるため、どのステージにある法人に赴任するかによって、設定課題を変える必要もあります。事業ステージは大きく分けて4つあります。それは、「立ち上げ段階」「成長段階」「成熟段階」「衰退段階」です。立ち上げ段階では、とにかく早く事業を軌道に乗せることが優先課題です。成長段階では、売上や組織を急拡大させつつ、生じる混乱をどう抑えるかが課題です。成熟段階では、堅実に事業を進めつつ組織の合理化を図ります。衰退段階では、新たな事業・商品投入による次のサイクル

への移行を準備するか、事業の手じまいをするかを決定し、その準備をします。

　これら各法人の事業ステージによって、経営者のやるべき仕事は全然違います。現地法人のステージごとに課題を設定しておいて、そこで結果を出した人だけが本社で役員になれ、結果を出せなかったら本部長止まりといったルールにして、海外と日本とを行き来することで人材育成ができるレベルになれば、これから台頭するアジアの国々の会社、もともと強い欧州や米国の会社と真っ向勝負しても、十分にやれると思います。日本の国内売上より国外売上の方が多いような会社には、ぜひ目指してほしいレベルです。

　とは言えレベル4、5まで行くのはもう少し先の話でしょうから、本書ではレベル2または3の「当たり前のことを当たり前にできる」という段階に持っていくための話をします。

◈ 「上司が外国人に」、中国人の立場で考えてみよう
　現地駐在員として、どういう姿を目指すべきなのでしょうか。中国人社員の側の視点で考えてみましょう。

　次のことをイメージしてください。日本の自分の会社が、いきなり外国の会社に買収されて合弁したとします。「上司が外国人になった」と、リアリティを持って考えてください。

　外国人の下で働くとき、どんなタイプの上司だとやりやすいでしょうか。どの国の人であれ、日本語ペラペラの日本通だったら話は早いかもしれませんが、なかなかそんな人は来ないですよね。

　パターンはいくつかあります。例えば言語と仕事能力の掛け合わせで見てみると、

①業務のことは全然わからないけど、日本語は滅法うまい（通訳出身など）。
②日本語はまったくわからず通訳を通さなければコミュニケーションを取れないが、仕事面では経験豊富で頼れる。
③日本語も英語もカタコトだが、業務は理解しており、自分で周囲とすり合わせができる。

　これに正解はありませんが、一般的には、③の自分で周囲とすり合わせができるタイプの人だと仕事がしやすいかもしれません。①も、業務に余計な口を出さず、本国・本社との調整役や防波堤になってくれるなら、やりやすいと感じる人もいるでしょう。②も同様です。

　では、これはどうでしょう。別な観点でのタイプ分けです。

(1) 昼（＝仕事）も夜（＝遊び）もおとなしいタイプ。読書や音楽鑑賞が好きな上司で、話しかければ相手にしてく

れるけど、飲みに誘ってくれたり場を盛り上げたりはしない。物静かな学者タイプ。

(2) 昼も夜も豪快なタイプ。ガンガン働いて、夜は「肉大好き！」「キャバクラ大好き！」な、わかりやすく明るい上司。

(3) 昼は剛腕だけど、プライベートはサクッと「じゃ、お疲れ」というタイプ。付き合いは悪く、仕事以外の話もほとんどしない。自分だけで遊び回っている感じもない。

(4) 昼は基本的に放置で「好きにやって」と言う。だが夜になると急に元気になり、毎晩どこかへ繰り出している。

これも正解はありません。どのタイプが付き合いやすいかは、人によって違うでしょう。（4）は若干ネガティブな感じがしますが、仕事を全部こっちに任せてくれるならアリという人もいるでしょう。ややこしいことがあったときだけ相談に乗ってくれるなら、むしろ組みやすい上司かもしれません。

ここで言いたいことは、「タイプは1つではない」ということです。清く正しく、人生の模範になるような上司像がベストかというと、そうでもありません。

ただし、やっぱり上司として、やめた方がいい振る舞いはあります。まずは当然ですが、相手に「自分は尊重されていない」と感じさせるような行動はダメです。威厳を出そ

うとしてか、それとも日本においてはそういう社内文化だったのか、横で見ていてちょっと心配するくらい感じの悪い話し方や態度になってしまっている駐在員に遭遇することがあります。

　例えば、

・「お前」とか「お前たち」とか「あいつら」と呼ぶ。
・「何をやってんだ」とか「だから言っただろう！」と声を荒げる。
・相談や報告に来た部下の方を見もせず、言葉も返さず、身振り（アゴや手）で答える。

　私が部下なら相当感じ悪いと思います。私の経験上、こういう横柄な言動は、年齢が若めな人に多いです。現地社員に対して、相手が自分より年上でも「コイツがさぁ」「お前は」などと言っていると、相手は表面上平然としているようでも、面白いわけがありません。威厳・権威を演出しようとして横柄になってしまっているのかもしれませんが、人を雑に扱ってはいけません。ただし、だからと言って、仕事に対して緩い態度を示すのはダメです。仕事に対して緩かったり甘かったりすると、「優しい上司」ではなく「無能な上司」「なめていい上司」と思われます。

◈ 現地法人でよく見かける光景

　中国赴任が難しい最大の理由は、日本人と中国人の仕事観の違いにあります。その違いが中国人社員への不満、逆に日本人駐在員へのマイナスの印象を生み出しているのです。

　日系の現地法人でよく見かける光景を紹介しましょう。

＜ケース1＞
駐在員：「これは常識（普通・当たり前）でしょ」
現地社員：「中国では無理です」「今までこの拠点ではこうしていました」

＜ケース2＞
駐在員：「会議になるとみんな意見を出さない。普段はおしゃべりなのに会議では全然しゃべらない」（不満）
現地社員：「日系企業って会議ばっかりしている。1週間に20も30も会議があるのに、何も決めないし、決まらない。本当に非効率」（文句）

＜ケース3＞
駐在員：「中国人は言われたこと以外はやらないし、すぐ『それは自分の仕事じゃありません』と言う。組織で仕事しているのに……」（不満）
現地社員：「仕事の線引きが曖昧すぎる。どこまでやったら

　　いいのか、やるべきなのかわからない」（不満）

　これらは、中国現地法人ではありふれた光景です。その背景にあるのは、日本人と中国人の特性の違いにあります。本書で詳しく解説しますが、その特性は、ほとんど正反対と言ってもいいです。

◈ 現地社員は3日で駐在員を理解する

　中国人の現地社員は日本から来た駐在員がどんな人かをすぐに見極めますが、駐在員にとってそれぞれの社員がどんな人かはなかなかつかめません。

　この状況をたとえるなら、駐在員は動物園の檻の中にいる"熊"です。外に出て運動する場所もあれば、洞穴っぽい設計のコンクリート構造物もあります。ただ、カメラやのぞき穴があるので、どこにいても、来園客からは丸見えです。ところが、檻の中にいる"熊"には来園客の様子がわかりません。誰からどう見られているかもわかりません。

　中国駐在は、これと同じような環境です。「さすがにここまでは見られていないだろう」と思えるようなプライベートなことも不思議と把握されます。こうした状況は、SNSなどが普及した今の方が10年前より大変です。

　典型的な例はこんな感じです（実際は中国語の会話です）。

（現地の女性社員が繁華街を歩いていると、最近赴任して きた駐在員を遠くに見かけました）

「あれ、あそこにいるのって、最近赴任して来た小島さんじゃ ない？」
「ほんとだ。若い女の子と腕組んでいるよ」
「中国語しゃべってない？」
「会社だと中国語できないからってひと言もしゃべらないの にね。随分積極的じゃん」
「あの女、かなり化粧濃くない？」
「やだー、センス悪い」

とか言いながら携帯でパシャッと撮ってSNSでシェアする と、5分もしないうちに多くの社員が知るところになります。 撮られた駐在員はまったく気づいていません。

　着任直後に何十人も部下がいれば、駐在員はすぐに全員 の顔を覚えることはできません。ところが、新任の駐在員 は1人か少数ですし、現地社員は好奇心を持ちますので、 すぐ駐在員の顔を覚えてしまいます。SNSなどが広まった ことで、駐在員がまったく認識しないうちに、現地社員た ちはいろんな情報網で駐在員の行動を把握します。

　中国に赴任したら、「少なくとも半年から1年は、見られ てまずいことは中国の域内ではしない」ことをお勧めしま

す。現地に慣れてきて、情報が漏れるポイントや自分の痕跡の消し方がわかるようになったら、後は自己責任です。そういう確信ができるまで、バレたら仕事がしにくくなることは絶対にしないことです。

◈ 最初につまずくと3年棒に振ることも

本書には、実際に中国駐在員が経験していることを基に、どうすればうまくやっていけるのかを書いています。日本人と中国人は考え方が違うので、日本人の感覚でマネジメントをしてもうまくいきません。よくあるのは、「駐在員が着任直後にコケる」ケースです。「コケる」というのは、前任者がせっかく引き締めて管理してきたのに、新任者が緩い対応をしたために、過去3年間かけて積み上げてきたマネジメントがガラガラと崩れてしまう、部下たちから総スカンを食らって職場で浮いてしまう、残念な場合は任期半ばで強制帰任となってしまう、といったことです。

新任者が現地社員に足元を見られて突き上げを食らったり、集団で抗議行動をされたりして、ヘナヘナの対応しかできず、完全になめられてしまうと、そのまま任期終了になることもあります。現地社員との関係が完全に悪化してしまい、「即時帰国と全員の前での公開謝罪」を要求され、「受け入れないなら業務には戻らない」と言われた例もあります。

そうならないためには、どうしたらいいでしょうか。まずは、知識を得ることです。「中国ではこんなことが起こる」と知っているだけで、避けられる落とし穴はたくさんあります。何かの仕組みを理解するとか、仕事の方法を変えるとか、そういうことの前に、特に初めての赴任なら「知っといた方がいいですよ」ということが山のようにあります。実際に赴任した後で、本書に書いている場面に直面したら、「あ、これっ、あの本に書いていたことだ」と思い出していただき、落とし穴を軽やかに飛び越えてほしいと思います。そうすれば、コケるリスクは小さくなります。

◇中国駐在は着任直後が大事

　駐在任期は3年または4年という会社が多いです（本書では3年を前提に書いています）。最初につまずくと、元に戻すのに少なくとも半年から1年はかかり、下手をすると任期3年を丸々棒に振ってしまいかねません。そうなってしまうと、ほとんど部下から相手にされずに帰任することになります。あまりにひどいと、本社がしびれを切らして3年を待たずに途中で任期を終了し、「今回は失敗でした、次の駐在員さんはうまくやってください」という引き継ぎになってしまいます。

　こうしたことを回避するには、入口（着任直後）が大事です。着任直後は、「どんな人だろう」と周りが様子を見ています。そんなときに地雷を踏んで、「今度の駐在員はハズレ

だ」「なんやアイツは」と現地社員に思われると、もう何を
言っても誰も付いてこなくなります。そうならないために、
日本にいる皆さんのために本書をまとめました。本のタイ
トルは「中国駐在ハック」としています。このタイトルには、
「中国駐在は大変なことも多いけど、工夫すればうまくやっ
ていけるよ」という思いを込めています。

　本書にはたくさんの失敗事例が出てきます。個人情報に
配慮して多少アレンジしていますが、書いている内容はすべ
て実際に起こったことに基づいています。これから中国駐
在員になる人、なる可能性のある人に、ぜひ本書を役立て
ていただきたいと思います。

プロローグ　駐在員のつらさを疑似体験

　たいていの駐在員にとって、赴任先は初めての場所です。現地社員とは国籍も母語も違います。習慣や常識の壁もあります。また、中国に赴任する場合、日本にいるときより高いポジション（例えば、日本で課長なら中国では部長）で赴任することが多いので、役職としても未経験です。いろんな壁が新任者を待ち受けており、人によってはすごくつらい日々を過ごしています。

　この本にはいろいろ役に立つ情報を書いていますが、まずは、中国駐在のリアルを知ってもらいたいと思います。以下では、私が実際に見たつらい事例を6つ紹介します。そんなに長くはないので、まずは疑似体験してください。

◇つらい実例①食事はすべてS・M・K

　まずは、食べ物の話です。ある駐在員は、任期中、一度も中華料理を食べませんでした。この駐在員は品質と技術の部長として中国の工場に来たのですが、工場ではずーっとひとりぼっちで、誰にも話しかけないし、誰も声をかけようとしません。食事も自分から誘わないし、部下も誘ってくれないので、平日から週末まですべて、S・M・Kで過ごしていました。Sはセブン-イレブン、Mはマクドナルド、K

はケンタッキーのことです。そのうち、現場から「いても意味がない」と声が上がり、これ以上置いておくと現場が不穏になると判断され、任期途中で日本に帰りました。送別会も開かれることはありませんでした。

◈つらい実例②のび太 in 社内宴会

　2例目は、社内宴会で"のび太状態"、つまり、やられっぱなしで、ひどい目に遭うケースです。中国の宴会でのお酒の飲み方を知らず、「中国は乾杯文化だから、郷に入れば郷に従え。とにかく出されたら飲まなくてはならない」と思い込んでしまったようです。飲み会のたびに大量のお酒を飲まされ、毎回ノックアウトされてしまう。実はこれ、文化でも何でもなく、いじめやハラスメントです。けれども本人にはその自覚がなく、「いやー、中国は大変だよ」と言っているのです。

◈つらい実例③「修理マン」として使われる

　次の例は、特に技術者に気をつけていただきたいケースです。製造業の会社で、技術と製造の部長として赴任した人がいました。ある日工場を巡回すると、ラインが止まり、社員が集まっていたので、通訳を連れて話を聞きました。

駐在員：「どうしたんだ」
現地社員：「設備に不具合があって動かないんです」
駐在員：「すぐ修理を呼べばいい」

現地社員：「このメーカーは華北地方から撤退したので上海
　　　　　からの出張になります。さっき電話したら、最
　　　　　短でも3週間後になるそうです」
駐在員：「（日本人的には3週間も動かないなんて冗談じゃない）
　　　　いい方法を考えなさい」
現地社員：「自分たちでは無理ですよ……」

　そこで、その駐在員は機械の経験があったので、「ちょっとどいて」と、不具合を起こした設備を見はじめたのです。あれこれいじりますが、簡単には直らず、気がついたら集中してしまい、現地社員たちは後ろに立って見ているだけです。そのうちに原因がわかってきて、「こことここを変えればいい。汎用品で大丈夫だ」と半日ぐらいで直してしまいました。そのときは「部長、すごいですねー！」と言われて、悪い気はしませんでした。

　その駐在員の赴任から1年ぐらいたったころ、たまたま私が休日に工場を訪問したところ、駐在員である部長が1人で機械を修理していたのです。聞くと、平日に直し切れなかった機械を土日に来て直しているとのことです。

　最初のうちは部下たちも「すごいですね」「勉強になります」と見ていたのですが、だんだんと「動かなくなれば駐在員の部長を呼んで直させればいいや」と思われ、「すいませーん、壊れました」と呼びつけるようになってしまったのです。

駐在員の部長は文句を言うものの、もともと機械いじりが好きなものだから、なんだかんだ言いながら引き受けていたのです。気づくと修理に夢中になってしまい、教えるべき部下もいないのに土日に1人で来て直しているというわけです。本人は「部下がだらしないからオレがやっているんだ」と言っていますが、客観的には完全に「修理マン」として使われている状態です。似たような例は客先からの面倒な宿題を自分で片付ける営業、本社向けの資料作成や細かいエクセル計算と格闘する経理など、他部署でも多々あります。

◈つらい実例④行きつけのクラブまで知れ渡っている

　これは年配の技術系駐在員の話です。あるとき、現地日本企業の経営者から「課題を把握して社員教育の機会を作りたいので、中国人幹部にインタビューをしてくれないか」と頼まれました。「日本人経営者がいるとしゃべりにくいこともあるだろうから、自分は席を外すので、現地幹部社員から直接いろんな課題を聞き出してくれ」とのことです。

　そこで、私が中国人の部長さんたちに順番に話を聞くと、そのうちの1人がすごく恐縮しながら「こういうことを言うのは申し訳ないのですが」と前置きして切り出しました。「最近来た赴任者に定年後再雇用の技術者がいます。60歳を超えていて大変だと思いますが、毎朝、朝会で居眠りをしています。終業後に何をやろうと自由だけど、頼むから朝会で居眠りをするのはやめてほしい」と言うのです。

なぜ中国人部長さんがこんなことを訴えるのかというと、実は現地社員はみんな、この技術者が夜は元気なことを知っているからです。行きつけのクラブのお店まで知れ渡っていて、昨夜もお気に入りのママと遅くまで飲んでいたのがバレているのです。時々経費で落としているのも知られています。

　もし事情を知らなければ、たとえ朝会で居眠りしていても「高齢で海外赴任なんて大変だなあ」で終わる話が、そうではないとバレていると、「また深夜まで飲んでいたんだろ」「仕事、やる気あるのか？」「仕事しに来ているのか、飲みに来ているのか、どっちなんだ。高い給料もらいやがって」となり、現地社員の士気に影響します。そんなふうに見られていると、この技術者の言うことは誰も聞きません。「コストダウンしろ」「タバコ休憩から戻ってくるのが遅い」「勤務時間中はきちんと作業しろ」などと言ったところで、「どの口が言うんだ」となります。本人は威厳を保っているつもりでも、部下から完全にあきれられているのです。

◇つらい実例⑤「見て見て、契約書もらっちゃった♪」

　任期が長いと、特に単身赴任の方は息抜きもしたいでしょう。ある駐在員さんは、毎日クラブに通ってお気に入りのオネエちゃんと遊んでいたようですが、それではお金がかかるので、クラブの若い女の子に「オレの任期中はオレ専属の彼女になってよ。契約書を交わすから、土日はデート、

毎月決まった額のお小遣いをあげる」というプランを提案したのです。ちゃんと書面で「赴任中のオレ専属の彼女」という契約書まで交わしました。この方が安く遊べると思ったのでしょうね。

　誤算だったのは、女の子の口の軽さです。契約書を作った翌日、「見て見て！契約書もらっちゃった」と、わざわざ現物を取り出して別の日本人のお客さんに見せびらかしたのです。もちろん駐在員の本名がバッチリ書いてあります。海外の日本人社会は狭く、さらに運の悪いことに、見せられた側はその会社の顧客だったのです。どこの誰かまで丸わかりです。

　この話は、瞬く間に広まりました。日本人社会の中だけであればまだいいのですが、自社の中国人社員にまで漏れてしまい、「ろくすっぽ中国語も話せなくて、仕事もまだこっちがレクチャーをしているのに、何やってんだ、あの駐在員は」とあきれられてしまったのです。本人はまさか中国人社員にまで広まっているとは夢にも思いませんから、普段はキリッとデキる管理者を演じ続けていますが、周囲は全然違う目で見ています。本人だけが気づいていないとは、怖い話ですね。

◈つらい実例⑥指示を無視、完全に見透かされる

　ここまで紹介してきたようなことがあると、日本人駐在員は完全に浮いた存在になり、社内で何かやろうとしても

空回りしてしまいます。例えば、日本人駐在員が新たに週報を導入しようと、日本で使っていたフォーマットを持ってきて、中国語に訳させて、「毎週提出するように」と呼びかけたとします。

　すると現地の社員は、部署の中国人ボス（＝精神的リーダー）に伺いを立てます。「どうします、これ？」。そうすると中国人ボスは、「前任者も日報を導入するって言い出したことがあったが、結局3週間しか持たなかった。真面目に付き合うだけ無駄。どうせ今回も2、3カ月したら飽きるからほっとこうぜ」などと言い、みんなそれに従い、誰も週報を出そうとしません。

　部長がしゃかりきになって、「なんで週報を出さないんだ、ちゃんと出せ」と騒ぐと、そこでは正面から「出さない」とは言わず、「あ、すいません、ちょっと忙しくて忘れてました」とかわします。そうこうするうちに、駐在員に日本出張が入って忙しくなると、だんだん「週報を出せ」と言わなくなり、なし崩しに消滅します。

　現地社員は「やっぱり今度の人も、ほっといたらそのうち忘れたね。面倒くさいことを言われたら、そのまま置いておこう」と考えるようになります。日本人は日本人で、言ったことをやらない、中国人はダメだと言っていますが、完全に見透かされているのです。

5年前とは一変！
中国駐在員のリアル

1-1 日系企業のステータスは急降下

　第1章では、「現在の中国」を直視します。率直に言って、中国における日系企業の立ち位置はどんどん没落しています。まずは、人材採用の面から見てみましょう。

◈ 日系企業は国内有力企業より下に

　2000年代初めまでは、送迎バスに乗って開発区（日系製造業も集まっている工業団地）に通勤することは1つのステータスでした。「日系企業に勤めて開発区に通っている」というのは、胸を張って親戚に言えるキャリアだったのです。

　しかし、現在は大きく変わっています。大都市で上位ランクの大学に通う若者にとって日系企業は優先度の低い勤め先になっています。まず、本当に優秀な人は、高校・大学から欧米に出ています。すべて相手持ちの奨学金オファーを受けて留学するような人たちです。次に優秀な人は中央官僚を目指し、その次は中国国内の先端的な民間企業（ファーウェイやアリババなど）、誰もが知っている欧米のブランド企業、中国国内の巨大国有企業などが続きます。その次にようやく日系企業という位置付けです。欧米企業だけでなく、有力な国内企業よりもずっと下に位置付けられています。

　日系企業を就職先に選んだ人に志望動機を聞くと、昔は「勤勉な日本人と一緒に働きたい」がほとんどでした。「日系企業は仕事に対する勤勉さや技術などの分野で学ぶことが多い。日本人と仕事をすることで自分を仕事人として高めたい」と言う人が多かったのです。でも、今ではこのような志望動機を聞くことはほとんどありません。今、日系企業に入る人は、アニメやマンガが好きで日本語を専攻した人たちが主流です。「日本の文化が好きだから」日系企業を選んでいるにすぎません。親戚に親日派や日系で働いている人がいて「日系は安定しているぞ」と言われて入る人もいますが、「大きな仕事に挑戦したい」とか「ビジネス環境が優れている」といった志望動機で日系企業を目指す人は、残念ながらほとんどいません。

◈ファーウェイ初任給40万円の衝撃

　中国では少子化が進み、国内税も上がってきています。少なくとも待遇面をよくしなければ、日系企業は現地で優秀な人材を採用できなくなっています。

　1つの例を示しましょう。舞台は中国ではなく日本です。2017年の話ですが、中国企業のファーウェイが日本で研究開発センターを設立するに当たって、新卒の人材を募集しました。拠点が日本なので、もちろん日本人も対象です。その初任給が月額40万円と提示されていたことで、大きな話題になりました。日本の会社も採用難を乗り切るために

初任給を見直す動きはありますが、せいぜい25万円や30万円がいいところで、40万円を提示する企業はなかなかないと思います。

　そうした中にあって、中国企業のファーウェイが40万円をポンと出すというのはインパクトがありました。「自分たちはそれだけ強い会社だ」というメッセージが伝わってきますし、「横並び意識ではなく、他とは違う次元で勝負する」という意志が感じられます。新卒にも価値を認めて、いい人を採ろうとしている。日本の相場が20万円なら、25万円〜30万円も出せば優秀な学生が採れると判断できるはずなのに、独自基準で40万円を提示するところに、彼らの人材にかける意気込みを感じました。

◈ 「中国で今働きたい会社」に日本企業はなし

　別の例を示しましょう。2017年になりますが、日本経済新聞に「アジア各国の役員報酬ランキング」の記事が掲載されていました。それによると、日本企業の役員報酬は平均2,700万円で、中国企業は4,000万円とのことです。相当大きな開きがあります。もちろん調査の仕方によって変わってくるので、うのみにはできませんが、私の肌感覚でも、経営者、管理者、エンジニアなどの報酬で、有力な中国企業は日本企業よりかなり上にいっていると感じます。

　また、2019年のデータになりますが、リンクトイン（ビ

1位	アリババ (阿里巴巴集団)
2位	百度
3位	バイトダンス (字節跳動) ※注1
4位	フォースインターナショナル (復星) ※注2
5位	NIO (上海蔚来汽車) ※注3
6位	Tesla
7位	滴滴※注4
8位	Amazon
9位	ファーウェイ (華為技術)
10位	美団点評※注5
11位	アント・フィナンシャル※注6
12位	ネットイース (網易) ※注7
13位	京東※注8
14位	ロレアル中国
15位	Apple
16位	快手※注9
17位	オラクル
18位	RED (小紅書) ※注10
19位	テンセント (騰訊) ※注11
20位	ユニリーバ

図表1-1 「中国で今働きたい会社」

出典：Linkedin2019 年領英頂尖公司排行榜：中国職場人最向往的企業（https://
www.linkedin.com/pulse/2019-年領英頂尖公司排行榜中国職場人最向往的企業
-nolan-chen-yi/?published=t)

※注1 動画アプリのTikTokなどを開発運営。
※注2 中国の民営大手コングロマリット。日本のハウステンボスなどにも出資し
　　　ている。
※注3 中国国産EVベンチャー。
※注4 中国版ウーバーとも言われるライドシェア会社。
※注5 グルメサイト、シェアサイクル、デリバリーなどのプラットフォームを運営。
※注6 アリババ系の金融関連会社。アリペイを運営。
※注7 ポータルサイト運営会社。
※注8 アリババに次ぐ規模のECサイトを運営。
※注9 ショート動画アプリを運営。
※注10 SNS型ECアプリを運営。
※注11 中国ソーシャルメディアの大手、WeChat、ゲームなどを運営。

ジネスに特化したSNS)が「中国で今働きたい会社」のアンケート結果を発表しました。それによると、1位はアリババ、2位は百度、3位はバイトダンスで、すべて中国企業です。20位までを見ると、米系が4社、欧州系が2社入っていますが、日系企業は1社も入っていません（**図表1-1**）。

◈ 日系企業の老化が目立つ

　最近の日本企業の傾向として、中国拠点のマネジメントは本社がコントロールを強め、駐在員は本社側の出先機関と考えるところが多いようです。特に大企業に顕著で、駐在員は本社側の現地窓口として機能すればそれでいい、と考えられています。これは危険な兆候だと思います。なぜなら、駐在員が日本への対応に多くの時間を割いてしまうようになるからです。中国人と正面から向き合おうとしないで「成果を出せ」「学習しろ」と言っていたら、現地社員の目にどう映るでしょうか？

　駐在員にそんなつもりはなくても、本社の方ばかり見ている「ヒラメ駐在員」と見られてしまいます。駐在員の言葉は現地社員に刺さりませんし、目の色を変えて学習しよう、成長しようという気にさせることもできません。

　日系企業の内情を見ると、中国に拠点を構えて10年を超えたようなところは組織が"動脈硬化"を起こしているように思います。例えば、現地で採用した管理職や幹部が待遇に

見合った仕事をしないケースもあるようです。組織の老化という問題を解消しなければなりませんが、そこに送り込まれる駐在員の通常任期は3年です。3年は、本当にあっという間に過ぎます。駐在員が頑張ったところで解決できる次元の話ではなく、経営課題として捉えないといけません。

1-2 先輩駐在員の 助言・経験が活きない

◈ザックやハリルも結果を出せなかった

　初めての環境で3年の任期はあっという間です。駐在員は現地法人のリーダーで、部下を率いて何かを動かす立場ですが、初めての場所に行って、3年間で結果をきっちり出すというのは非常に難しいことです。どれくらい難しいかというと、サッカー好きな方ならサッカー日本代表の監督を思い出してください。ザック（アルベルト・ザッケローニ氏）やハリル（ヴァヒド・ハリルホジッチ氏）のことです。ザックは男子サッカーの日本代表監督を4年弱務め、W杯ブラジル大会で1分2敗。ハリルは4年持たず、結果を出せないままW杯ロシア大会の直前で解任されました。

　彼らは日本のサッカーファンにとっては「ちょっと残念な監督いたね」程度の存在かもしれませんが、2人ともプロ中のプロの監督として実績を積んできた人物です。日本サッカー協会が選考に選考を重ねてオファーを出している相手ですから、もちろん素人ではないし、二流でもありません。なのに、なかなか結果を出せませんでした。初めての場所に行って3年程度の期間で結果を出すというのは、プロでもすごく難しいということです。

◈ 日本企業同士の「上海モデル」もいつかは終わる

　中国は変化のスピードが速い国です。10〜20年前の中国駐在経験者のアドバイスは、半分以上は使えないと思います。先輩駐在員から「そういうときには、こうすればいいんだよ」「オレの時代にはこうだったぜ」と言われても、すでに状況が変化していて、そうしたアドバイスは役に立たないと考えた方がいいでしょう。

　また、中国国内のエリアによる違いも顕著です。典型的な例が「上海」です。日本企業の本部は上海にあるケースが多く、上海近辺では、日本企業同士の取引を中心にしています。日本語ができる人材を採用し、日本や香港と同じ感覚でビジネスしていても利益が出ます。これを私は「上海モデル」と呼んでいます。中国全土で見ても上海の業績はいいので、本社が求める業績に達する企業も少なくありません。

　ところがこれ、実は上海近辺の特殊事情に根ざしたビジネスです。今後、上海近辺がこれ以上伸びない、あるいは他の土地で儲けていかないと発展できないとなると、上海モデルは通用しなくなります。上海から他の地域に行った現地社員がうまくいかなくて鬱になるという話があるぐらい、上海の常識は他のエリアの非常識です。こう書くと上海に何か問題があるような感じになりますが、むしろ逆です。上海では、行政にも上海人社員にも、外国人が素の感

覚で仕事をして、それを受け入れてくれる柔軟性・対応能力があります。ビジネスをするには適した場所です。だからこそ、他エリアとのギャップが大きく、「他エリアも上海と同じようなもの」という感覚でいると、大きな失敗を犯します。この思い込みを「上海病」と名付けた人がいて、私もよく使います。

これまで上海だけはこうしたモデルが成立していましたが、これから上海周辺でも、地元企業の台頭などによって侵食されていくと言われています。上海の成功体験は他で応用できませんので、厳しくなってきたから他に行こうとしても通用しないというリスクがあります。現在、上海に本部を置く企業は注意が必要です。

先輩駐在員の時代とは、派遣される現地法人のステージが違うことも考慮しなければなりません。立ち上げ期の会社、イケイケドンドン市場の会社、安定した収穫期の会社、そろそろ閉めることも考えなきゃいけない会社、これらはすべて、同じ業績評価軸では評価できないぐらい現地経営者のミッションが違います。スピード、エリア、ステージの違いがありますから、先輩からの助言は必ずしも通用するとは限らないと思っておいた方がいいでしょう。

◈日本を訪れた中国人の本音「日本は遅れている」

2010年くらいまでは、中国と日本は地理的には近いが、

いろんな意味で遠い国でした。中国人が知っているブランドといえば、松下（パナソニック）、シャープ、ソニーにトヨタやホンダあたり。街で日本に好意を持つ人に会うと、「30年前に甥っ子が日本で仕事をしたときに買ってきたテレビがまだ壊れない、日本製はすげえよな」という感じで、日本の製品は質が高いし壊れない、丈夫で使えると言ってくれる人が多くいました。

　歴史的な背景があるので感情的なシコリはあるが、「ものづくりの国」という意味ではハイテクだし、中国より経済的に発展しているし、そこは「すごい」と中国人は日本を認めていたのです。年配者は特にそういう感じでしたが、最近では「もう日本に学べ、米国に学べという時代じゃないよね」「中国は中国でクールだよね」という空気になっています。実際に日本に行って「まだこんな段階なの」と思うこともあると言われます。

　例えば決済手段はその最たる例です。日本ではようやく電子マネーやキャッシュレス決済が本格的に浸透しはじめましたが、楽天EdyにWAONにSuicaにnanacoと規格が乱立しています。店によっては、「交通カードは使えません」「事前に登録してないと使えません」ということがありますし、インバウンドが重要な市場になっているはずのタクシーや飲食店で、いまだに現金しか使えないことがあります。

一方、中国では、電子マネー・キャッシュレス決済の規格はほぼ2つに集約されており、どちらもスマートフォンのアプリで使う形式のため、多くの人は2つともインストールしています。スマートフォンさえ持っていれば、かざすだけで決済できるのが当たり前です。決済アプリは2017年から2018年ぐらいに一気に普及して、生活が激変しました。60歳以上の高齢者も息子や娘に設定してもらって使っています。日々の買い物は野菜市場のような場所までスマホ決済、タクシーを呼ぶのも決済もスマホ、孫へのお年玉（紅包）もスマホ、わずか数年で現金を使う機会は激減しました。私も、この数年、中国で現金を使う機会は年に数回、現地日本人会の懇親会費用ぐらいです。

　その感覚があるので、彼らが日本に旅行に来ると、「日本は不便だ」という体験をすることになります。そもそも、海外からの入口となる空港でさえ、現金しか使えないレストランがあり、現金しか使えない空港バスの券売機が存在しますから、最初の一歩で不便を体感します。今は日本へ気軽に旅行できるようになり、週末に行ける近場の旅行先として日本は人気があります。気軽に行ける分、多くの人が「中国の方が進んでいて便利」と思うようになっているのです。

　昔は、日本は中国より進んでいて便利な国と見られていましたが、今はそうではありません。昔の駐在員は日本本

社から来たというだけで無条件に下駄を履かせてもらえたのが、今はもう下駄がない。裸足から信用を勝ち得ていこうとすると、自助努力しかありません。本社から来た「役職が上の人」というだけでは、もう敬意を払ってもらえないのです。

　もちろん、20年も前だとコンビニエンスストアも吉野家もスターバックスもほとんどありませんでしたから、生活面は大変だったと思いますが、駐在員として現地で仕事していくという意味では今の方が相当に難しいです。

1-3 中国駐在員の仕事が難しくなった４つの理由

　中国駐在員の置かれた環境はここ5年で大きく変化し、駐在員の仕事はますます難しくなっています。その理由を「新たな4つの難しさ」として説明します。

◈ 新たな難しさ①イケイケドンドンの時代は終焉

　今の駐在員の仕事が難しくなった背景には、中国経済の変化があります。倍々ゲームは終わりました。銀行は民間企業に次々と融資する方針のようですが、景気は悪いです。イケイケドンドンでパイが大きくなっていた時代は、業績は黙っていても上がるので、社員の給料も年間10％や20％の昇給は当たり前でした。売上と利益がすべてを潤していたのです。細かい管理をしなくても勢いに乗っているだけで、現地法人としても本社が納得する業績が出せたし、社員も付いてきてくれました。日本のバブル時代と一緒ですね。

　ところが、景気が悪くなると利益が上がりませんから、社員の給料もかつてのように20％の一律昇給なんてできません。そんな原資がありません。全員一律に少しだけ上げるか、それとも優秀な人とそうでない人に差をつけるか、何とかしないといけません。みんなを少しだけ上げると、みんなが不満を持ちます。いい人と悪い人で差をつけると、

差をつけられた人から文句が出ます。どっちにしても、イケイケドンドン時代と違って利害が一致しない人たちが出てくるので、それをどのようにしてマネジメントしていくかは高度経済成長の時代にはなかった難しさです。

◈ 新たな難しさ②経験の交差

図表1-2は、縦軸は「部下・業務管理経験」を、横軸は時間を示しています。1番左は現地拠点を立ち上げたころで右に行くほど年月が過ぎ、細い線が駐在員、太い線が現地社員を示しています。細い線の数だけ駐在員が入れ替わり、現地社員はずっと働いていることを示しています。

「経験の交差」とは、駐在員の経験と現地社員の経験が交差すること、つまり、現地社員の経験が駐在員の経験を上回ることを指します。現地拠点の立ち上げ時は、30代後半〜50代ぐらいの、ビジネスが一通り見えている部課長クラスが派遣され、立ち上げの陣頭指揮を執ります。このときに現地で採用する社員は、基本的には若手です。一部の

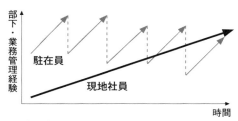

図表1-2　経験の交差

例外を除いていきなり40代や50代の人は採らず、新卒で日本語ができる20代の若者を採用します。

　そうなると、上司と部下の関係は決定的です。年齢も仕事経験も駐在員が上で、しかも採用した側です。部下が白紙状態という大変さはあるものの、「自分がボスだ」と、特に言わなくても自然に力関係ができています。その中でマネジメントすればよく、駐在員も任期中にいろんなことを学んで成長していきます。

　ところが日系企業には駐在任期があるので、3年経って帰任する際、それまでに蓄積した経験はゼロリセットされます。お客さんとの関係や書類に書いて残せる事項は引き継げますが、部下との人間関係や、自分が失敗から理解した中国ビジネスの要諦は引き継げません。そうすると、次の駐在員はまた1からスタートして、自分なりに頑張らねばなりません。これを何代も続けていくことになります。また図表1-2をよく見ていただくと、駐在員のスタート地点は少しずつ下がっています。これは新任者が若年化したり、未経験領域を担当したりしていくことが多いためです。一般的に駐在員は、高年齢化することは少なく、どんどん若くなっていきます。

　一方で、現地採用された中国人社員は、スタート地点は低いですが、だんだんポジションが上がって部下が付き、

給料が上がっていきます。すると日本側がどう見るかは別として、本人たちの意識では、「ウチの拠点のマネジメントに関しては、駐在で来た上司よりもオレたちの方が詳しい」という自負が高まってきます。もちろん駐在員は日本できちんと仕事してきていますが、中国で扱う商材やラインは未経験の場合もあります。そうすると、年齢も正味の経験も含めて、どこかの時点で現地ベテラン社員たちの自意識は新任駐在員を超えます。逆転が起きるのです。

　以前は駐在員が現地社員に対して「オレに付いてこい」「付いていきます！」という関係が成り立っていましたが、逆転以降、現地のベテラン社員たちは駐在員を下に見るようになります。

　例えば、

「今度の駐在員ってどういう人？」
「歳は33だって」
「オレらより若いな。部下を持った経験あるの？」
「一応チームリーダーだったみたいだけど、部下は5、6人ぐらいだったって」
「ウチは製造部署だけで300人だよ。大丈夫か？」

みたいな感じです。

駐在員は気合を入れて、「中国拠点の部長を拝命したからには、現地でなめられないように頑張らなくては」と思っていますが、現地社員は「経験もスキルも未熟な上司」という目線で待ち構えているのです。そうした状況で、駐在員が「自分が上」という意識でいると、当然現地社員とぶつかります。若い駐在員が気合を入れれば入れるほど、着任早々に"戦争"が起きる可能性が高くなります。着任早々にぶつかると、どっちが勝つかは明白で、残念ながら駐在員に勝ち目はありません。

　駐在員が指示を出しても、現地社員のボスが取り合わず、「お手並み拝見といこう。とりあえず動くな」と部下に指示することもあります。そうなると誰も動かず、駐在員だけが空回りしてしまいます。こうした場合、社会人として経験が浅い人ほどムキになって、力や権威で押そうとします。「オレが部長だ、言うことを聞け」。そうすればするほど逆効果で、現地社員はますます駐在員の言うことを聞こうとはしなくなります。これは、2010年以前の駐在員が経験したことのない大変さです。

◈ 新たな難しさ③法律・政策の変化

　新たな難しさの3点目は、法律と政策の変化です。中国の政策は2000年以降だけでも大きく変わっています。2007年までは経済優先、2008年からは労働者優先、2016年以降は環境保護や安全を優先しています。日本の感覚からすれ

ば「激変」と言えるほどの変化ですので、それ以前の赴任者は今の大変さやリスクはわからないと思います。

　以前は、「悪いけど今月でクビ」と言ったら、職工さんたちはおとなしく荷物をまとめて寮から出て行きました。翌年に繁忙期が来たら、職工募集の張り紙をするだけでズラッと何百人も集まる、そんな時代もありました。しかし、2008年に労働契約法と関連政策ができ、労働者は法律で規定された権利が侵害されると「労働仲裁」という簡易裁判に類似したシステムで以前より簡単に訴えることができるようになりました。政府も「労働者の皆さんの利益を保護します！不満や問題があれば労働仲裁に申し立ててください」とキャンペーンを大々的に打ちました。そうした結果、政府が想定する以上に反響がありました。今では、「悪いけど今月でクビ」なんて言おうものなら、すぐに訴えられる時代です。下手に解雇すると集団で訴えられ、会社が敗訴して多額の賠償金を払わされかねません。

　政策が切り替わってから10年足らずのうちに、労働仲裁の件数は爆発的に増えました。2017年に天津の労働仲裁が受理した案件数は2万件を超えていますし、広州に至っては年間約19万件を処理しています。1人の仲裁員が1年間に抱える案件数は、多い人で数百件に及ぶそうです。もはや完全にパンク状態です。それくらい大きく変わりました。今や、中国で労働者に辞めてもらうのは至難の業です。

また、2016年からは、中国では環境や安全対策がものすごく厳しくなりました。特定の分野においては、日本よりも厳しいぐらいです。そうしたことを知らない駐在員は「日本のレベルでやっていれば大丈夫」と思いがちですが、それでは通用しません。そんな時代に入っています。

◇ 新たな難しさ④ 「90后」の入社

　「90后」とは「ジュウリンホウ」と読みます。90年代生まれの若者を指す言葉です。少し前までは「80后」が「新人類」として扱われてきましたが、すでに「90后」「95后」「00后」が日系企業にも入社してきています。この年代は家族の価値観が大きく変化しており、そこに新たな難しさがあります。私の感覚では、特に「95后」の前と後でギャップが大きいです。

　若年層の親の価値観や認識が従来とは大きく変容し、それが子供の価値観にも影響しています。親世代は経済的余裕を持つ人が増え、そうした人は子供に対して、「そんなに無理して仕事をする必要はない」という態度を取ることがあります。子供が仕事や職場への不満を漏らすと、「そんな仕事は辞めてこっちにしなさい」と自分のコネで仕事をあてがったり、「仕事なんか辞めて毎日私のところに来てくれ、資産は遺すから」と言ったりするケースもあります。

　それぞれの家族や家庭の考え方・人生観に、良し悪しの

評価をつけるつもりはありませんが、客観的に見て、親が子離れしていないのではないかと思います。もちろん、このような環境で、子供が親に（経済的にも精神的にも）依存していることも多々あるでしょう。これでは、なかなか採用基準に合格する人材が出てきませんし、採ってもすぐに辞めてしまいます。この傾向はこれからどんどん深刻化すると思います。

日本人と中国人は
こんなに違う

2-1 日本人から見た中国人社員

　中国赴任が難しい最大の理由は、日本人と中国人の仕事観の違いにあります。その違いが中国人社員への不満、逆に日本人駐在員へのマイナスの印象を生み出しているのです。第2章では、日本人と中国人の違いに注目します。

　中国駐在の経験のある日本人に、中国人社員の特徴を聞くと**図表2-1**のような意見に集約されます。

◇中国人の特性①ゼロから考えるのが苦手

　日本人から見た典型的な中国人社員は、「ゼロから考えるのが苦手」です。逆に、答え（模倣する対象）がわかるとキャッチアップは得意です。例えばiPhoneが出てくると、ほとんどミリ単位までコピーする業者がいくつも現れまし

日本人から見た中国人社員	
ゼロから考えるのが苦手	職責権限を明確化したい
「差不多」	自分たちで決めない
「応該没問題」	会議が下手
個人のやり方を重視	経済観念が強い
帳尻合わせ・柔軟性	過程より結果重視
答えがわかると早い	品質より効率優先

図表2-1　日本人から見た中国人社員

た。昔、当時のトヨタカローラにそっくりの車を中国の国内メーカーが出したのですが、「バンパーを外してトヨタの車につけるとピッタリ入る」と言われるぐらいの精巧なコピーでした。

　模倣するとなると高い技術力を発揮しますが、ゼロから新しいものはなかなか生み出せないのが実情です。携帯電話にしても、新幹線にしても、ロケットにしても、米国、日本、ドイツ、ロシアの製品を模倣していると言われています。これだけ中国のGDPが上がっても、他国にコピーされるようなものは出せていません。

◈中国人の特性②「差不多」

　駐在員が日々直面する言葉の代表格が「差不多」（チャーブドゥオ）です。「だいたいそんな感じ」という意味ですが、日本人としては漢字の「差は多くない」が気になります。ただ、残る「差」は何かと聞いても答えはありません。実は未着手ということもあります。実情を把握したいなら別の方法で裏を取りましょう。

　同じく日々耳にするのが「応該没問題」（インガイ　メイウェンティ）。「たぶん大丈夫」「大丈夫なはず」という意味で、これも製造業に携わる日本人なら「たぶん」や「はず」ではダメだと言いたくなりますが、懸念点があるのか聞いても答えはなく、実情は把握できません。

たいていのことは「差不多」「応該没問題」という言葉で返されてしまい、日本人としては「雑でアバウト」という不満がたまります。

◈中国人の特性③個人のやり方を重視

これも現地でよく聞くことになるのが「ここは中国だから中国のやり方でやらせてくれ」とか、「自分のやり方に任せてくれ」です。日本人側からすると、「ウチの会社にはウチの会社の文化があるから、それにのっとってやってほしい」と言いたくなります。

◈中国人の特性④帳尻合わせ・柔軟性

良くも悪くも、中国の人たちは帳尻合わせが得意です。柔軟性もすごくあります。

例えば、日本から社長が来て10周年のセレモニーをやるとします。日本人はかなり前から準備して、当日は何時にお出迎えして、こういうパフォーマンスをやってと分刻みで計画しようとしますが、現地社員たちはまったく動かず、前日の夜になっても設営が始まりません。日本人的には「終わった……。明日はどうやってお詫びしよう」と考えはじめますが、当日の朝9時になって来てみると、ほとんど出来上がっているのです。「できるならもっと前からやってよ」と言いたくなります。中国人は最後にどこかで帳尻を合わさなきゃいけないとなると、なぜか合わせてきます。追い込

み力はすごいものがあります。

◈中国人の特性⑤答えがわかると早い

　特性①でも触れましたが、答えがわかると中国の人は早いです。油断すると速度重視で粗雑な仕事になりますが、要点のつかみ方がよいとも言えます。

◈中国人の特性⑥職責権限を明確化したい

　職責権限をはっきりさせて、その範囲で仕事をしたいという意識が強いです。

◈中国人の特性⑦自分たちで決めない

　自分たちで決めずに上にパスをします。幹部クラス、本部長クラスでも最後になると総経理（中国では現地社長を「総経理」と呼びます）のところに「どうしましょう」と聞きに来ます。日本人的には「そんなの自分たちで決めてよ」と思うようなこともです。

◈中国人の特性⑧会議が下手

　会議では沈黙するか、ワーワー言うけど何も決まらず時間切れか、どっちかしかありません。議論して、落として、終わらせるのが苦手です。

◈中国人の特性⑨経済観念が強い

　経済観念は日本人より強いです。いい方向に向かうと、

経営が厳しいときにどうしたらコストを抑えられるかという局面で、日本人よりも思い切ったコスト削減策を出してくれたり、強いコスト意識を持てたりします。悪い方向に向かうと、自己利益をどう確保するかに走ってしまうこともあります。

◇中国人の特性⑩過程より結果重視

　中国人は、プロセスより結果です。結果オーライ。日本人のように「勝って兜の緒を締めよ」とはなりません。目標を達成しているのに、「今年は最後に運よく神風が吹いただけ。来期は早めに目標達成が見えるように頑張ろう！」と言っても、中国人的にはピンときません。「今年の目標が達成できたのならOKだ」と考えます。

◇中国人の特性⑪品質より効率優先

　品質か効率かというと、品質を落としても効率を優先します。よくあるのがレストランです。開業してからしばらくは、サービスはいいし、きれいだし、おいしいし、高くない。「いいところができた」と思っていても、半年後には明らかに味が落ち、サービスが崩れ、クリンネスがダメになってきます。そして1年後には経営が傾き出し、2年で消えていく。最初のクオリティをキープできれば繁盛店になったはずなのに、効率を重視してだんだん手を抜いていってしまうのです。クオリティを維持せず、「もうかるからいいや」とやっているうちに客が離れていく。こういう傾向があります。

2-2 中国人から見た日系企業と日本人

　反対に、日本人や日系企業に対しては、中国人は**図表 2-2**のように見ています。

◇日本人の特性①仕事熱心・中毒

　日本人は仕事熱心だと思われています。ちょっと付いていけないぐらい仕事熱心で誠実だと中国人に評価されています。仕事への熱心さ、誠実さ、勤勉さは日本人に学ぶところがあると思うから、日系企業を選んだという人が結構いました。ただ気をつけないといけないのは、そうしたイメージは過去形になりつつあります。「昔の日本人は……だったけど、今の駐在員は……」と言われることもあります。ぜひ皆さんの本気を見せつけてくださいね。

中国人から見た日系企業と日本人	
仕事熱心・中毒	職責権限が曖昧
卵の中から骨を拾う	上が決めない
規則を自発的に順守	会議がやたらと多い
個性よりチーム重視	中庸で曖昧
計画性が強すぎる	結果より過程重視
現場重視、5Sも緻密	課題発見と改善が好き

図表2-2　中国人から見た日系企業と日本人

◈日本人の特性②卵の中から骨を拾う

これは、日本人を形容するのによく使われる常套句です。意味は、「卵に骨はないのにあるはずだと言い、ありもしないものをピンセットで探す」ようなことです。日本人の細かすぎ、神経質すぎ、潔癖症、完璧主義な行動を見て、「そこまでしなくていいのに」と思っているわけです。

◈日本人の特性③規則を自発的に順守

高く評価されている点です。サッカーファンのマナーのよさや、信号で車が来なくても赤信号なら待つこと、電車の乗り降りに際して自然発生的にルールを守っていること、などが広く知られています。

◈日本人の特性④個性よりチーム重視

いい悪いは別にして、日本人はチーム重視とされています。チームに自分を合わせる様子が堅苦しすぎると思われているところもあります。

◈日本人の特性⑤計画性が強すぎる

日本人に計画性があることは誰もが認めていますが、「強すぎる」と思われています。「もう始めようよ」とあきれられるくらい、日本人は慎重と思われています。

◈日本人の特性⑥現場重視、5Sも緻密

工場があると、日本人は現場重視です。5S（整理、整頓、

清掃、清潔、しつけ）もきちんとできていると評価されています。

◈ 日本人の特性⑦職責権限が曖昧

　日本人は業務範囲を決めないと思われています。日本では、野球に例えて、「センターとレフトの真ん中に落ちるような球は両方ともまず捕りに行って、お互いに声をかけあって、どちらかが取る。カバーに入る仕事をしないとダメだよ」などと言いますが、中国人にはまったく理解されません。「ちゃんと私の責任範囲を示してください」と言ってきますし、範囲外のことに手を出しません。

◈ 日本人の特性⑧上が決めない

　上が決めればいいのに決めない。上司が判断して決裁したらいいようなことなのに現場の意見を聞き、中国人には変だなと思われています。

◈ 日本人の特性⑨会議がやたらと多い

　これも「上が決めない」と同じことで、「上が決めたらいいようなことを、なぜ現場で話し合って決めるの？だから会議が多いんだよ」と思われています。

◈ 日本人の特性⑩中庸で曖昧

　中国人からすると日本人は「表現がわかりにくい、もっとはっきり言ってよね」と思われています。

◈日本人の特性⑪結果より過程重視

　中国人的には「結果が出たからいいじゃない」と思っているのに、「いやいや、プロセスがこうだったから、今回は本当の勝利ではない」なんて言っても理解されません。逆に、結果が出ていないにもかかわらず、「今期はやるべきことはきちんとやってきた。たまたま結果が付いてこなかったけど、このまま継続していけば必ずよくなる。今期やってきたことは失敗ではなく、これはもうむしろ成果だ！」と言っても、中国人には理解不能です。

◈日本人の特性⑫課題発見と改善が好き

　「順調でも強いて課題を発見しようとするし、改善をひっきりなしにやっている」というイメージを持たれています。課題を発見して解決し、中国人としては「やれやれ終わった」と思っていると、また次の課題を見つけてくる。優秀な中国人管理者は「これが日系企業の強み」と思っているかもしれませんが、「面倒くさい」「順調なんだからいいじゃない」と思っている人も少なくないはずです。

2-3 中国人だと腹が立つ理由

　ここまでの説明を読むと、「隣国ながら随分違うな」と思ったことでしょう。この「隣国ながら」が厄介なのです。

◇アフリカ人なら違っても受け入れられる

　例えば、アフリカや中東からゲストが来て、自宅に泊めることになったと想像してください。このゲストが想定外の行動を取ったとしても、腹が立つようなことはないと思います。腕を振るった海鮮料理をギョッとして拒絶されても、風呂場が泡だらけになっても、怒りは湧いてこないでしょう。それは、意識の中に「彼らは自分とは違う」という前提があるからです。まったくの異文化だと思っているから、土足で部屋に入られても「まぁそりゃいろいろ違うよね。でも日本では靴を脱いでね」、食事が喜ばれなくても「お口に合いますか」と、ほどよきあしらいができるのです。

　ところが相手が中国人社員となると、腹が立ちます。日本人と違う仕事のやり方をしていると「なんでこうしないんだ！」、指示に従わないと「どうしてわからないんだ！」となる。なぜかと言えば、無意識のうちに「わかっているよね」「一緒だよね」と思っているからです。顔立ちは似ているし、漢字文化圏だし、日本語が上手な人も多いので、共通のベー

スがあると思ってしまうのです。一緒だと思っていたのに一緒じゃないことをされると、「裏切られた」と怒りや困惑が発生します。そうなるといろんなところで齟齬が出てきます。

◇日本人の思い込み度チェック法

　中国人と日本人は違うのに、無意識に「一緒だ」と思い込んでいないかをチェックする方法があります。それは、中国人社員と話すときに、

「当たり前」「当然」「普通」「常識」

という言葉をどのくらい使っているかでチェックできます。よく使っているなら、思い込みの罠にはまっています。

　「当たり前でしょ」「普通でしょ」と言われても、相手にとっては当たり前でも普通でもないかもしれません。そうすると、そこで思考停止です。日本人は当たり前だと思っているので理由を説明しません。そうなると、中国人は、一応うなずくかもしれませんが、理解することはありません。「当たり前」は相互理解の放棄であり、断絶です。相手は何にもわかっていないので、また同じことをやります。「当たり前」「当然」「普通」「常識」という言葉は禁句です。相手に理解可能な言葉で、なぜダメなのか、なぜこうした方がいいのか、を丁寧に説明するように意識しましょう。

2-4　中国人の背景を理解することが大事

　中国人と日本人には大きな違いがありますが、違うことは問題ではありません。違うことを前提に、「なぜ違うのか」を理解し、違いを乗り越える努力をすればいいのです。そのためには、中国人の背景を知ることが大事になります。

◈ スティーブン・コヴィー『7つの習慣』を参考に

　背景を理解することの大切さを、スティーブン・コヴィーの『7つの習慣』という本に書いてあった話を基に説明します。

　ある日曜日の朝、鉄道の車内でのことです。人も少なく、日曜の午前の雰囲気でゆったりとリラックスしていました。ある駅で扉が開き、男性が子供たちを連れて乗り込んできました。この子たちは電車に乗るや否や、とにかくいろんなものを触っては大きな声をあげ、走り回り、朝の落ち着いた空気を壊してしまいました。にもかかわらず、連れのお父さんらしき男性は何にもしないでボーッとしているのです。周りの乗客はだんだんストレスをためていきます。「おいおい、状況見ろよ、何か言えよ」。ついに、男性のそばにいた筆者は声をかけます。「お子さんたちが迷惑になっているようですよ」。

男性はハッとして口を開きました。「実は先ほど、この子たちの母親、自分の妻が病院で息を引き取りまして……。子供はまだ小さいので、母親が亡くなったことをよく理解できていません。自分はこれからどうしたらいいのか、頭がいっぱいで」。

　そうした声が周りに聞こえた途端、車内から刺々しい空気が消えて、周りの人たちは「それはお気の毒に」モードになりました。子供が多少騒いでも「それどころじゃないよね、大変だけど頑張ってね」というように空気が一変したという話です。

　人の振る舞いや発言だけを見ていると「何だよ、勘弁してよ」と思うことも、その背景を知るだけで、腹が立たなくなったり、むしろ同情したり共感したりするようになります。行動だけを見て判断するのではなく、どうしてそういうことをするのかを知ろうとしなければならないと思います。これから中国に赴任する人は、中国人の背景を学習されることをお勧めします。

　「日本人は…」「中国人は…」と言うと、ステレオタイプに切り取りすぎだと怒られるかもしれませんが、ありのままに理解するのはなかなか難しく、ある種の典型を押さえることは有効だと思います。なぜ中国人はこうなのかを、原理や背景から理解すると、現地社員に向き合った際、日本

人なら絶対にしないようなことでも、腹が立ったり、理解不能と思ったりしなくなるでしょう。腰を据えて、忍耐強く、彼らの変化を待てるようになります。

　「なぜ違うのか」を知れば、違いがどこから来ているかを受け止められます。そうすれば、「中国ではたぶんこうだよね。でも日系のお客さんはこう考えるから、こうしないといけないよ」と言ってあげられます。中国人社員も「自分たちとは違うけど、求めているならしょうがない」と受け入れてくれるかもしれません。「こうした方が手直しも減って仕事が楽になるよ」と言えば、中国人も納得できるかもしれません。

2-5 日本人の原風景と中国人の原風景を比較

　違いを生んだ背景を探るために、日本と中国の昔を比較します。昔と言ってもずっと大昔、平均寿命が50歳を切るような時代のことです。そんな時代、人は食糧難に遭ったり、動物に襲われたりして、自然環境の中で命を落とすことも珍しくありませんでした。砂漠に住む人、日本みたいな環境に住む人、北欧みたいな寒いところに住む人、それぞれ生きていく上でのリスクが異なります。砂漠だったら水や暑さですし、北欧は厳しい寒さですね。そんな「生存環境」、言い換えれば、「原風景」は、そこに住む人の考え方や生活様式に大きく影響を与えます。

◈日本人の原風景＝比較的均質で穏やかな環境

　日本の原風景を見てみましょう。**図表2-3**は、どれも典型的な日本の風景です。

　図表2-3の4つの写真は違う季節です。よく言われることですが、他の国や地域と比べると、日本人が生きてきた環境にははっきりとした四季があります。4つの写真に共通するのは木と水です。今でさえ森林が国土の7割近くを占め、温暖湿潤で雨も降りますので、水には困らない。その代わり、鉱物資源や動物資源はそんなにはありません。

図表2-3　日本の風景

　それから、中国のように血で血を洗う革命が起こったり、誰かが政権を握ったら前政権を皆殺しにしたり、なんてことは、日本ではほとんど起こっていません。その理由の1つは、日本は島国で、隣国と陸続きではないからでしょう。正史では基本的に天皇制を維持しています。天皇の下で実権を握っている人たちは武士や貴族と変わっていますが、違う人が新しい国体を作って国の名前を変えたことはありません。他の国と比べると均質で安定した環境だったと言えます。

　そんな中で、恵まれた水資源を使って田んぼが発達しました。ずっと田んぼで米を作って生きてきたのです。聞きかじりですが、生きていくために必要なカロリーを確保するのに最も効率がいい方法は水田で米を作ることだそうです。水が養分を運んでくるので、移動する必要がありません。土地が痩せて続けて同じものを作れないという問題がなく、狩猟や漁のように獲物を追っていかなくてもいい。ずっと

同じ場所で生きていけるというのは、非常に恵まれた環境だと言えるでしょう。

◇◇中国人の原風景＝多様性に富み常に異文化衝突/交流

一方、中国の典型的な原風景は、**図表2-4**の写真のようになります。

草原があり、砂漠があり、岩山があり、大きな川が流れているエリアがある。パンダがいる山奥もある。日本に比べるとバラバラです。とにかく広く、気候はヒマラヤ近くの標高の高い草原、雪深い東北地方、海南島のような南の島など、バラバラです。主食も地域によって違います。現地法人の社員食堂でも、他地域から来ている人のために主食を何種類も出している会社があります。米を食べている人もいれば、揚げパンの人、マントウの人、麺の人など、いろいろな人がいます。中国全土で見れば資源は豊富ですが、

図表2-4　中国の風景

エリアによって差があり、それぞれの土地に特産があります。民族は、公式に認定されているだけで56あります。宗教も言葉も違います。つまり、ちょっとしたことで敵同士になり得る存在が、地続きの場所にいるということです。多様性に富んでいるということは、常に異文化との衝突や交流があるということです。

　日本の原風景は均質で穏やかですが、中国の原風景には激しい変化や地域差があります。

2-6 原風景が生み出した 日本社会/中国社会

◈ 日本社会　変革リーダーは受け入れられない

そういう環境にいると、それぞれどんな社会になるかを
見てみましょう。

日本は水田中心ですから、大勢が同じ場所にずっと住む
ようになります。水稲栽培は水が養分を運んでくるので、
川が枯れない限りは非常に安定しています。今年も来年も
食えるということです。米作りは苗床を作って、田植えし
て、育てて、稲刈りしてと、いろいろな作業があり、共同
作業が必要になります。農機具の貸し借りもしないといけ
ません。ですから、核家族でポツンと住むことはあまりなく
て、集落に住んでいます。何かあるとお互いに助け合うの
です。そうすると、「場の空気を読む」という能力が発達し
ます。場を乱して自己主張ばかりすると、ずっと同じ場所
で住み続けるのに具合が悪いので、対立しないように行動
します。場の空気に敏感で同調しやすくなるということで
す。ムラは1つの大家族で、安定収穫があるので、生死を
かけて遠くへ移動する必要はありません。曾祖父の時代も
コメを作り、曾孫の時代もコメを作り、みんな、それを続
けていけばいいと思っています。

　こんな社会に変革リーダーが現れても、日本人は素直に受け入れられず、「変なことを言い出す人が来た」と思います。日本にも時々、時代を変えるような変革者が出てきますが、ほとんど天寿を全うできていません。例えば、聖徳太子、織田信長、吉田松陰、高杉晋作もそうかもしれません。最近でいうとカルロス・ゴーンですね。追放されてしまいましたが、ゴーンがいなかったら今の日産自動車はなかったでしょう。追放されてからの言動は、自分の過去の実績にも泥を塗るようで残念ですが、ある時点の日産自動車にとって救世主だったのは間違いないと思います。必要な人材で、功績もあったと思いますが、あのような形で寝首をかかれるのは日本らしいです。日本社会で変革リーダーが天寿を全うするのは難しいなと思います。新しいことをやろうとすると、だいたいどこかで敵が出てきて最後は消されてしまいます。

　コメ作りは共同作業が必要ですから、協調性がすごく発達します。対立を避けるので自己主張も控えめになります。ムラは家族ですから、村長さんは変革リーダーではなくて調整役です。どっちが正しいかをジャッジするより、間をとって対立を回避するようにします。だから、典型的な日本企業では、いまだにリーダーシップが苦手な会社が多いです（若い世代は徐々に変わっていますが）。強すぎるリーダーシップを発揮する変革リーダーが出てくると、昔なら非業の死を遂げ、現代なら週刊誌などで叩かれて仕事の実

績とは無関係に社会的制裁を受けたりします。

　協調性や横並び意識が強く、あまり自分のことばっかり言っていると「また始まった」みたいな感じで見られてしまいます。理想の上司ランキングでも、よき理解者タイプの人が選ばれ、ジャック・ウェルチやドナルド・トランプのような人はまれです。学校でもそうですね。日本の小学校や中学校へ行くと、みんなプリキュア（女の子向けのアニメのキャラクター）が好きな中で、私はプリキュアよりアンパンマンが好きとはあまり言えません。子供もどうやってみんなにキャッチアップしていくかを考えています。同調して「私もプリキュアの映画を観に行きたい」と言うのです。

　昔だったらガングロとかルーズソックスもそうでしたけど、学校で何かがはやると、キャッチアップしていかないとまずい。国際学校では子供同士でも母語が違ったり宗教が違ったりするので、最初からお互いに合わせる気がありませんし、合わせることがよいことだという価値観もない。みんな違って当たり前。ただ、日本人にとってそれでは落ち着かないので、国際学校でも日本人の親同士だけが集まって、内輪で同調していることはありますね。

◈中国社会　変化への即応は死活問題
　一方の中国は、宗教、民族の違う人たちがいて、国を取ったり取られたり、広がったり縮んだりしてきました。

　こんなところだとどうなるかと言うと、平和な時代であれば交易が発達します。海の人は塩、海藻、魚の干物などを山の人たちに売り、山の人は乳製品、動物の骨で作った加工品や毛皮を海の人に売ります。住んでいる地域が違うと持っている物が違うので、それを取引します。戦争をして略奪することもあります。外敵が来るのは日常茶飯事で、歴史を見ても、統一されたらすぐに分裂し、分裂したらすぐ戦乱になって、また誰かが統一する。けど、統一したそばから地方で反乱が起きています。中国では、そういうことをずーっと繰り返してきたわけです。

　そうなると、交易は基本1回限りのことになり、そこで遠慮したり忖度したりしていたら交渉で負けます。山の人はいかに乳製品を高く売りつけて塩を安く買い叩くか考えています（海の人は逆ですね）。一発勝負の交渉ごとでは自己主張しないといけません。交渉相手は考え方や価値観がまったく違う人たちであり、信じられるのは身内のみとなります。

　今でも中国人や華僑はそういうところがあります。よく言われるのは、華僑は割り勘にしないです。中国人もしません。誰かが「この場は持つ」と言います。私が聞いた話では、本当に仲よくなって生涯付き合っていく親友と認められると割り勘にするそうです。つまり、そういう関係ではない、ということです。身内とそれ以外をすごくはっき

り分けます。

　交易は一発勝負で、来年や再来年の保証はないため、なるべく早めに利益を確定しておきたいと考えます。戦争や略奪がありますから、逃げる判断を誤ると全滅します。「こっちへ行かなきゃ」となった場合の判断はすごく速いです。

　革命が起きると、「上が変わったのでルールが変わった」と突然言われる。ここで適応しないと命に関わりますから、ルール変更時の適応力は日本人よりずっと高いですね。少し前になりますが、ウーバーが中国に入ってきたとき、ライドシェアはあっという間に広まりました（ただ、瞬く間にウーバーは中国から撤退を決め、滴滴や神州といった国内系がのし上がってきました）。このとき、ウーバー進出から1年で年配者も使いこなすようになっています。私の会社の社員のお父さんやお母さん（50〜60代）も、それまで旧式の携帯しか持っていなかったのですが、スマホがあればライドシェアが使えて便利ということで、孫や子供に教わりながら使いはじめました。

　中国人はゲーム要素やクジ要素も大好きなので、使うとおまけが付いてくるとか、キャッシュバックされるとか、そんなことを友達から聞きつけると、ワッと寄って来ます。ライドシェア市場のスタートから1〜2年で、年配者もスマホで使いこなすようになりました。

　そのうち自転車のシェアサービスが始まり、これまた一気に広がりました。携帯電話も、私が中国に渡った2004年には持っていること自体がステータスでしたけど、iPhoneが入ってくると当たり前のようにスマホを使い出しています。とにかく新しい商品が入ってきて、次はこれだとなったとき、特に年配者の柔軟性は日本と随分違うなぁと感じます。私の親は70代ですけど、スマホに変えたのはつい最近です。孫の顔を見たければスマホを入れるべきだと説得して、孫で釣ってようやく変えました。そうでもしないと、必要ないからとなかなか変えない。それに対して中国は柔軟さを感じます。

　話を戻すと、中国では、忖度や謙遜では生き延びられないと考え、みんな自己主張をはっきりします。付いていくリーダーを間違えると死んでしまう、という感覚で生きているのです。中国人にとってのリーダーは、日本人にとっての村長よりも重要です。リーダーとは、年功序列でも肩書でもない。自分が付いていって食いっぱぐれない、あるいは自分の家族の安全を保証してくれる人がリーダーであって、どんなに地位が高くても人格者でも、付いていって自分たちの身を守ってくれるかわからなかったら、絶対に付いていきません。

2-7 日本人の脅威、中国人の脅威

　日本人と中国人の違いを生んだ背景をまとめると、**図表2-5**のようになります。この図から、外敵の存在の有無や気候の安定度など、「生き抜く上での脅威」に違いがあることがわかります。その違いは、日本人と中国人の日常的な挨拶の違いに表れています。

◇**日本人の脅威＝お天道様（大自然）**

　まずは、日本から説明します。

　例えば日本の田舎で、農道から駅に行く途中、近所の人に出会いました。さて、どんな挨拶を交わしますか。「おはようございます」「こんにちは」の後です。おそらく

日本		中国
島国で外敵なし	⟷	大陸で常に外敵
気候は温暖	⟷	気候は各地で異なる
資源少（水と森林）	⟷	資源は豊かで偏在
同質文化	⟷	異文化接点
水稲耕作中心	⟷	生活手段はまちまち
脅威は：　天候不順	⟷	脅威は：　　人　間

図表2-5　日本人と中国人の違いを生んだ背景

「今日はいい天気ですね」
「暑い日が続きますねえ」
「午後から降るみたいですよ」

など、たいていは天気の話をします。なぜかと言うと、日本では外敵があんまりいなくて、米さえ作っていれば生きていける。米作において最大の脅威は天候不順、つまり、怖いのはお天道様だったのです。

　でもお天道様は、人間が頑張ってもどうしようもない存在で、対抗策はあまりありません。だから対抗しないで、人間の方が自助努力で何とかしのごうと考えます。将来の気候がわからないから計画的にためておこう、少しでも収穫を増やすように作業を変えよう、取りこぼしを減らそう、あるいは、長雨に強い、暑さに強い、日照りに強い品種を開発しよう、というように、地道にコツコツ、計画的に貯蓄し、少しずつ改善改良をしていくのです。これがコントロールできないお天道様に対抗する手段です。気質としては、完全に職人気質、あぶく銭よりコツコツです。日本の仕事人の好きな言葉として、「愚直に」「真摯に」というのが今でもよく挙げられます。ポッと出のITベンチャーの社長が派手に月旅行へ行くとか芸能人と付き合うとかすると、だいたい反感を買います。

◈◈ 中国人の脅威＝人（戦争や収奪）

　では、次に中国人の挨拶です。道で知り合いに会ったとして、何を言うかというと、たいていは

「吃了吗（食べたか）」

です。朝なら朝で吃了吗、夜も吃了吗、食ったかと聞かれます。これってどう考えても、日本よりもシビアな環境で生きてきたってことです。「食えないことがある」ところで生きてきた。お天道様による天候不順よりも、外敵に襲われる方が頻度も高いし壊滅的な打撃を受けます。敵は人間。こうなると、信じるものは、①身内、②頼りになるリーダー、③自分たちの財産です。

　ちょっと話は逸れますが、そういう時代に富を得た人は、その富を何の形で持っていたと思いますか。中国では子供が生まれて百日目にお祝いをするとき、今でもそれを子供に身につけさせます。答えは「金の宝飾品」。なぜかと言うと、襲われたときに持って逃げられるからです。外敵に襲われたときに、有り金を全部家につぎ込んでいたり、珍しい石や延べ棒にしていたりすると、持って逃げられません。持って逃げられ、手っ取り早く換金できることが重要なのです。今でも中国人は、日本人の想像を超えるレベルで貴金属の宝飾品が大好きです。土地や家屋を重視する日本人とは違う感覚です。

　中国人の最大リスクは外敵ですから、グズグズすると命取りになります。とにかく「決めてすぐ行動」が染み付いています。綿密に計画を立ててから行動というやり方はあんまり合わないです。「付いていくからリーダーが決めてくれ、決めてくれたらすぐやるから」ということで、決めるのはボスの仕事、自分たちは付いていく立場という考えが強いのです。だから会議を嫌がるし、調整役の村長じゃなくて頼りになるリーダーを求めるのです。

第 **3** 章

仕事人として
互いを理解し合う

3-1 仕事人としての日本人と中国人の違い

　第2章では、日本人と中国人の違いを生んでいる背景を説明してきました。こうした背景の違いは、「仕事人」としての違いも生み出しています。仕事人の観点で中国人と日本人の違いをまとめると、**図表3-1**のようになります。

◈仕事人としての中国人①短期志向

　第2章で見たように、中国人は略奪や戦争や革命を幾度となくくぐり抜けてきたため、ドライな短期志向です。将来の保証などないからです。日本人はコツコツ愚直に積み重ねていけばいずれ報われると考える長期志向です。だから「頑張っていれば、いずれ認められる」と伝えても日本人には受けますが中国人には響きません。

	中国人	日本人
視点	短期志向	長期志向
気質	商人（売れるものを追求）	職人（いいものを追求）
PDCA	PDDDDDCA（試試）	PPPPPDCA（検討）
信頼相手	認めたボス個人	会社という場
意思疎通	直接、明確、主張	間接、婉曲、配慮
仕事評価	結果重視	プロセス重視
期待環境	公平な区別	家族としての平等

図表3-1　仕事人の観点での中国人と日本人の違い

◈仕事人としての中国人②商人気質

　短期志向の中国人は、今、目の前の客にどう売るか、それもいい条件で、と考えます。根っからの商人気質です。極端なことを言えば扱うモノは何でもよく、今売れるモノが「いいモノ」だと思っています。一方、お天道様は騙せない、よいモノをコツコツ愚直に作っていくのが正道だ、あぶく銭など身につかない、と思っている日本人は典型的な職人気質です。だから、日本人が自社品質にこだわっても、今の中国で売るのに役立たないと感じれば、中国人は過剰品質と過剰コストの「売れないモノ」だと見なします。

◈仕事人としての中国人③PDCAの「P」がない

　PDCA（plan-do-check-act）サイクルで言うと、中国人には「P」がありません。口癖は「試試吧」（シィシィバ＝まずやってみよう）で、いきなり「DDDDD」とやってみて、ダメならそこで調整します。日本人は「検討しよう」から入って、決断までの社内会議を「PPPPP」と重ねます。ただ、一度ゴーが出るとその後は早いですね。

◈仕事人としての中国人④信頼相手はボス

　中国人が信頼している相手は「個人」です。組織を信頼しているわけではないので、ボスが変わると、幹部ごと辞めてしまうことがあります。日本では、首相が代わっても下はほとんど変わらないように、会社も、社長が交代しても社員は辞めません。ムラという場に所属してきたので、

ボス個人に仕えている感覚がないからだと思います。愛社精神はあっても、ボスに仕えるという感覚は日本ではしっくりきません。

　中国で組織をまとめようとしたら、ボスとして認められることが不可欠です。ボスは肩書きや組織図上の位置づけではなく、「付いていく価値があるか」や「自分の生殺与奪権を握っているのは誰か」で決まります。付いていったらコケると思えば社長でもボスとして認めませんし、逆に実力を認めれば、肩書き・性別・年齢・国籍に関係なくボスとして立ててくれます。そういう意味では、外国から赴任する若年者にとって日本よりフェアな環境と言えるかもしれません。

◈ 仕事人としての中国人⑤意思疎通＝直接、明確、主張

　先ほどの商人と職人で考えるとわかりやすいですが、中国人は売り買いのプロですから、直接的で明確、ダメ元でもとりあえず主張します。海外の百貨店や高級ブランド店でも堂々と値段交渉します。日本人はムラという共同体で作物を育てて生きてきましたから、強すぎる自己主張はせず、婉曲な表現を好み、空気を読みます。中国人部下が強い口調で自己主張するのに驚き、疲弊する日本人もいますが、「スタイルの違い」と心の準備をしておきましょう。

◈仕事人としての中国人⑥仕事評価＝結果重視

中国人は商人気質で短期志向ですから、仕事の評価でも「今、結果を認めてくれ」と主張します。日本人は職人気質の長期志向ですから、結果より前に適切なプロセスが重要だと考え、また長い目で見て評価されるものだと思っています。この違いが衝突するのが人事評価面談で、部下とのバトルでトラウマを負う日本人駐在員が続出します。

◈仕事人としての中国人⑦期待する環境＝公平な区別

中国人は、組織においてボスと自分という1対1の関係を重視し、公平な区別を求めています。公平と言っても自分を下げてかまわないという意味ではないので、要はボスから他の人より高く評価されたいと思っています。

日本人は、組織という共同体を重視するため平等志向です。営業の活躍で業績絶好調だった場合に「パイロットだけで飛行機は飛ばない」と全社の貢献を讃えて金一封を出すと受けますが、中国では営業から不満が噴出します。ただ、中国だからと個人や部署にドーンと賞与を出すのは、全社のチームワークに負の影響を与えます。中国では中国流がいいというわけでもないのです。

3-2 現在の中国社会

　次に、現在の中国社会の生活観を説明します。実は生活観は、中国人の仕事観に大きな影響を与えています。「中国人はチームワークができない」とよく言われますが、その理由には家庭や学校教育の違いがあります。

◈ 高校に入れば勉強だけ、集団行動の経験がない

　読者の皆さんにとって、高校・大学時代の思い出はどんなことでしょう。日本だと部活、サークル活動、体育祭、文化祭などの学校行事が記憶に残っているのではないでしょうか。「勉強」か「勉強以外」かと言えば、ほとんどの人は勉強以外の楽しいことでしょう（私が高校時代の勉強面で思い出すのは、物理で取った一桁すれすれの赤点と、一番前の席で居眠りしていて英語の先生から「お前いい度胸してるな」と言われたことくらいです）。

　中国は日本以上の学歴社会です。勉強以外のことは中学までで、高校生になればいい大学に入ることだけを目標にします。価値基準は高考（中国の大学入試）の結果だけ。親も、先生も、クラスメートも1つの価値基準しかなくなりますので、みんな部活も遊びもなく、勉強だけに集中します。大学に入っても、中国の大学はカリキュラムがきっちり決

まっているので、授業そっちのけで卒業することはできません。サークル活動やアルバイトもなくはありませんが、あくまで授業やテスト優先。授業そっちのけで他の活動に打ち込むことは、まずありません。

一定以上の学歴を持つ中国人はそんな学生生活を送ってきたのです。体育会系のサークルやバイトや学校のイベント運営なら、チームワークや組織を理解する格好の機会になりますが、勉強は個人プレイです。卒業するまで個人プレイだけを求められてきたのに、社会人になって突然「チームワークだ」と言われても、中国の若者たちは「やったことがない」のです。

中国は個人主義と言われますが、実は、中国人もチームワークは嫌いではありません。それは、日本のアニメやマンガが大好きなことからも読み取れます。海外でも大人気の日本のアニメ作品が何を描いているかというと、仲間・よきライバル・チームワークです。敵同士がいつの間にか仲間になって、「ラスボスをチームで倒す」みたいなストーリーが主流で、個の成長や活躍に焦点を当てた作品はなかなかありません。基本はチームの話です。それを喜んで観たり読んだりするということは、中国の皆さんも、「そういうのいいな」って思う価値観はあるということです。チームワークがウケないわけじゃない。やったことがないからできないだけです。だからチームワークをさせたいなら、日本人の側

がお膳立てをしないといけません。

◈部下の評価にも影響を及ぼす中国学歴社会

　もう1つ、日本との大きな違いを理解しておかなければならないのは、学校教育に対する感覚です。日本よりもはるかに学歴社会の中国では、学校の先生の立場は絶対であり、学業成績に対する重視度も日本人がイメージできないぐらい強いです。例えば、日常よく課される小テストでは100点を取っても珍しくない。90点台でまぁ合格、少しミスがあったね。80点台になるとこのままではダメ。70点台を何度か取ると、親が恐れる「請家長」（チンジャージャン＝先生から親への呼び出し）です。平日昼間に呼び出され、「お宅では子供の勉強をどうしているのか。このままでは将来がマズい。ちゃんと宿題の面倒を見ないと」と批判されます。

　そしてこの宿題ですが、中国では小学生から大変な量の宿題が出ます。幼稚園でも出ます。30〜40代の中国人社員の最大の関心事は会社の業績やボーナスではなく、子供の宿題です。毎晩11時ぐらいまで親が2人がかりで必死にこなしているという話もよく聞きます。あまりに宿題がハードなので、ブラックジョークが得意な中国の庶民は「これは政府による高度な洗脳政策だ」と言っています。国民に余裕があると余計な文句を言うので、とにかく膨大な宿題を課して、目の前の宿題をこなすこと以外、親が自宅で何かを考える余裕を奪う作戦だ、というわけです。さすがにこ

れは冗談でしょうが、30〜40代のちょうど会社で管理者クラスの人たちが、我が子を落伍させたり先生から睨まれたりしないよう、毎晩宿題に追われているのは事実です。

　この感覚は、人事評価への姿勢に影響します。日本人駐在員が中国人管理者に抱く不満の1つに、「部下への評価が異常に甘い」があります。「S」「A」「B」「C」「D」の5段階評価であれば、ほとんど「A」と「B」しかつけません。この背景には日本の人事制度の問題も含めて、いろいろ複雑な要因がありますが、私はその1つに「管理者世代が日々直面している学校制度の問題」もあると見ています。学校で60点や70点は「バツ」を意味しますから、自分の部下にそんな点数をつけたら部下にバツをつけたことになる。それは心情的にできない、という判断が働くわけです。

　つい、「中国人管理者は部下に甘い」とだけ見てしまいがちですが、実は適正な評価ができるのに、あえてダメ元で高評価をつける彼らなりの理由が存在している可能性もあります。このあたりの理由・背景まで掘り下げて彼らを理解し、それを解きほぐす手を打たないと、いつまで経っても日本人上司が鉛筆をなめて調整する不健全な状態から卒業できません。

3-3 日本人と中国人の違いを乗り越えるアプローチ

　ここまでの説明を読めば、一見理解しがたい中国人の行動にもそれなりの背景・原理があることが見えてきたと思います。日本人のやり方が「当然」「自然」なものとは言えないのです。まずは相手を否定せず、相手の背景・理由を理解することが大事です。

　ではここから、どうすれば違いを乗り越えられるのかを説明します。第1のアプローチは「違うなら違いを埋めよう」という考え方です。第2のアプローチは、「違うと言っても異星人じゃないんだし、同じところもあるんだから、共通項をベースとして固めよう」という考え方です。順番に説明します。

◈アプローチ①違いを埋める「ラーメン屋作戦」

　第1のアプローチ「違いを埋める」から見ていきましょう。違いを埋めるには、「ラーメン屋作戦」しかありません（ベタな作戦名は私の思いつきです）。

　あなたが無類のラーメン好きだとします。常にラーメン店の情報をチェックしていて、近所に新しい店ができれば、とりあえず行ってみる。友達にも同好の士がいて、お互い

に情報を交換したり、週末に一緒に食べに行ったりしています。

　さて、土曜の昼下がり、あなたが駅前をブラブラしていると、ボロボロのラーメン屋が目に入りました。前々から存在は知っていましたが、外見はボロいし、看板は禿げているし、品書きは短冊にマジックで書いてあるだけだし、一度も入る気を起こしたことはなかった店です。ところが今日はなぜだか気になって、ふっと入ってみました。カランカラン。店に入った瞬間、ちょっと後悔。そのあたりに最新号ではないマンガ雑誌が乱雑に積んであって、品書きは変色しているし、店主は無愛想で「いらっしゃい」も言わない。でも入った以上、「チャーシュー麺1つ」と注文してみました。待つことしばし、チャーシュー麺が出てきて、恐る恐る一口。……うまい。あり得ないうまさ。なんでこんなボロい店でこんなうまいラーメンが出るんだ。客はほとんどいないのに。でも異様なまでにうまかった。

　そんなことがあったら、すぐラーメン友達に連絡しますよね。以下はSNSでのやり取りです。

「駅前のラーメン屋知ってる？」
「あったっけそんなん？」
「あるやん、セブンの斜め前」
「あ、あれラーメン屋？まだやってたの？」

「今日入ってみたんよ」
「マジで？客いねえだろう、あそこ」
「死ぬほどうまかった」
「またまたー、腹壊さなかった？」
「本当にうまかったんだって」
「冗談だろ、虫が入ってたって聞いたことあるぞ。変なダシでも入ってたんじゃないの。そんなことよりさ、あっちの駅にできた和歌山ラーメン行こうよ」

という感じで、相手は全然興味を持ってくれず、他のラーメン屋に話が移りそうになります。ところがあなたには確信があります。アイツを連れて行ったら絶対に感動する。必ずオレに「教えてくれてありがとう！」と言う。だから、何が何でも連れて行きたい。

　こういう状況なら、どうしますか。あなたと彼は親しい友達です。本当においしいラーメンなので、何とかして食べさせたいと考えています。いろいろ考えられますよね。「オレが全部おごるから」と言う。相手がおごられても行きたくないと言ったらどうしますか。「おごるし、食べてみて万一まずかったら口直しに和歌山ラーメンに行く。そこもオレがおごる」ぐらいは言いますね。それでもダメなら、他の店に誘うふりをして「おっ、こんなところに店が！」と言って強引に連れ込む……。とにかく、いっぺん食べさせばこっちの勝ちだと思って、頑張るんじゃないでしょうか。

　仕事も一緒です。皆さんには、今までやってきたやり方があります。中国人が現地でやっている方法よりも、日本本社のやり方をした方が効率もいいし仕事の成果もあがる。最初は慣れないかもしれないが、一度慣れたら、現地にとっても絶対こっちの方がいいに決まっている。本社から評価してもらえるし、褒めてもらえる。だから何とかしてこのやり方を覚えてもらいたい。……こう思ったときに、誰が何をしなきゃいけないか？　そう、先ほどのラーメン屋の話と同じです。

　皆さんは、その仕事のやり方のよさ（＝ラーメンのうまさ）を知っている。その方が中国の社員たちにもプラスだと確信がある。でも彼らはそんなこと知らないし興味もない。ここで行動を起こすのは、味を知っている皆さんしかいません。だましてでも、すかしてでも、見え透いた手を使ってでも、とにかく彼らが乗ってくるよう、あの手この手で引き込む。彼らが仕方なしに少し試してみたら、しっかり褒める。「これ、わかりやすい！」とか「今回の資料、日本の営業ですごく評判だった」とか何とか。よさを覚えたら勝手に続けますから、それまではこちらが何とかします。

　皆さんが引っ張っていかない限り、相手から「変えます」と言ってくることは絶対にありません。ラーメン屋にだって行かないので、仕事のやり方を変えることはありません。

皆さんが「違いを埋めよう」と思い、自分のやり方の方が絶対にいいと信じるなら、皆さんが頑張るしかないです。もちろん、皆さんが中国のやり方にも一理あると思えば、それを学ぶのもアリです。でも、皆さんのやり方（例えば「報連相はこうしなきゃいけない」「会議はこう進めなきゃいけない」「レポートはこうまとめてほしい」など）があって、その方がいいに決まっているという確信があるなら、違いを埋めるには、こっちが頑張るしかありません。彼らは困っていませんから。

　これが「違いを埋める」基本スタンスです。こっちからやるしかないんです。

◈アプローチ②共通項を生かす＝五欲は古今東西同じ

　第2のアプローチは「共通項を生かす」ことです。お互い同じ人間なんだから、仏教の五欲（＝食欲・財欲・睡眠欲・色欲・名誉欲）、要はおいしいものを食べたい、収入を増やしたい、人から認められて褒めてもらいたい、かっこいい、きれい、素敵と言われたい、面倒くさいことはできればしたくない、こういう気持ちはみんなが持っているんです。これは日本人も中国人も関係ないです。となったら、彼らを動かす上でも、こうすれば評価が上がる、給料が増える、楽ができる、文句を言われない、など、共通の欲を使って得だと思わせるように仕掛ければいい。

110

皆さんが制度・仕組みを変えられる立場にあれば、人事制度も変えて、こっちが望んでいる方に乗っかってくれた人は得をし、いつまでも乗っからない人は得ができないというように引っ張り込んでいきます。ただし、欲の刺激法にもコツがあります。**図表3-2**はマズローの欲求5段階という古典的な理論です。人間にはこれらの欲求があって、下の方が原始的な欲求で、下から順番に欲求が満たされないと、たとえ上の段階の欲求が満たされてもうれしくないという傾向があります。

例えば砂漠で道に迷ってしまって、どこにも水がないというときに、誰かに自分の音楽の才能を認めてほしいとは思わないです。生理的欲求で悩んでいる人には、生理的欲求を満たしてあげることを考えなければならない。

では水があったとしましょう。三口、四口、飲める水を見つけたとします。次に何を考えるかというと、当面の水を確保したい。明日、明後日も安全に旅を続けたいと思い

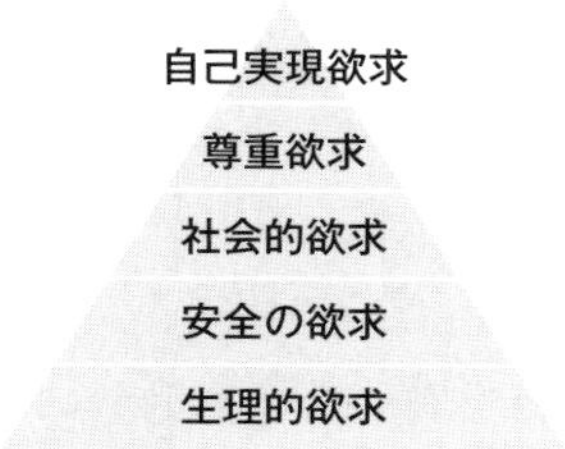

自己実現欲求

尊重欲求

社会的欲求

安全の欲求

生理的欲求

図表3-2　マズローの欲求5段階

ます。では数日分の水と食料を確保して、引き続き1人で
ラクダに乗って旅を続けていくと、次に何が恋しくなるで
しょうか。社会です。1人ぼっちで、どこにたどり着けるか
わからないときに、遠くの方に同じように旅をしている人
を見かけたら声をかけます。1人より2人の方が心強いです
から。人間は社会を作る動物ですので、自分の当面の安全
が保障されたら、やっぱりどこかの輪に入って安心して帰
属したいと考えます。

　帰属できたら、輪から外れたくない気持ちが強くなりま
す。これが満たされると、その輪の中で自分の存在価値を
認められたいと思いはじめます。人より上に見られたいと
いう尊重欲求を一通り満たすと、もう他との比較ではなく
て、自分はこういう世界に生きていきたいという自己実現
の欲求が出てきます。尊重欲求までは相対的なもので、そ
れ以上では人の目は関係なくなり、自分の価値観になる。
晩年、マズローさんはこれにもう1つ、自己超越欲求を加え
たと言われていますが、ここでは割愛します。

　ここで言いたいことは、現場のワーカーと、家も車も持っ
ていて食うに困らない管理者とでは、求めるものが違うと
いうことです。生理的欲求、安全の欲求をすでに満たして
いる人であれば、会社の輪の中で認められることが重要に
なりますし、低賃金で働く単純労働者にとっては、「頑張っ
たら給料が上がるぞ」というのが響きます。相手の気持ち

に応じて、そこを刺激する施策を打つ必要があります。ただ、最近は新卒の現場ワーカーが大型のレクサスに乗ってきた、なんて話を聞くこともあり、社内組織の上下や給与額で単純に求めるものを層化できなくなってきました。新たな難しさです。

　また、同じ会社でも、立ち上げ直後の拠点と、進出から10年経った拠点とでは、社員たちが求めているものは違うかもしれません。管理層の社員の多くは基本的な欲求は満たしています。明日や明後日を心配する状況ではないし、家も車もあるし、親もお金に困ってない。となると、お金以外で皆さんの会社で仕事する面白味を作らないといけません。「頑張ったらもっと給料が上がるぞ」と言われても響きません。

　逆に、頑張って豊かになりたいと思っている社員が多いのに、それより上位の価値観で「ウチの給料はこんなもんだけど、高い目標を目指して頑張っていこう」と言っても、そんなことよりもっと給料もらえる会社に移りたいと思うかもしれない。人間に共通の欲求と構造を理解して、頑張ったら満たせるように設定していく必要があるでしょう。今、何を求めているかは社員1人ひとりで異なるため、彼らの経済状況・家庭環境・仕事観や人生観などを把握して、それに響く施策やメッセージを発していきます。

第**4**章

勝負の１年目、
まずは「バカにされない」

4-1 1年目が非常に重要

◇ まずは「脱落しない」

　新任者が最初にクリアするべき目標は「脱落しない」です。あまりに低い要求で意外でしょうか。しかし、ここで言う脱落を、任期途中の残念な帰任だけでなく、「部下や周囲からバカにされて、組織における役割を全然果たせない」まで含めると、笑って流せるほど少ない話ではありません。

　ここでつまずく駐在員がいると、現地の上司にとっても、部下にとっても、本人にとっても大きな損失です。上司は本人の仕事を肩代わりする羽目になっているでしょうし、いろいろな計画も後退を余儀なくされます。部下や本人にとってのマイナスは説明不要でしょう。

　脱落しないためのポイントは、「生活を整えること」です。生活を整えるとは、暴食や偏食をしない、深酒を控える、夜更かしして遊びすぎない。オフに部屋へ引きこもらない、など。「いい大人なのに」と思うかもしれませんが、これから赴任する方には覚えておいてほしいと思います。

◇ 駐在三年の計

　駐在員は任期3年でミッションを達成しなければなりませ

ん。そのためには「駐在三年の実態」を知った上で、「駐在三年の計」を心得ることです（**図表4-1**）。ポイントは着任1年目です。コケずに、地雷を踏まずに、現地の社員たちとの関係を作っていくことが非常に重要です。これができていないと、2年目から仕掛けられません。きちんと関係づくりができれば、残りの任期中に十分な仕掛けができます。

　お勧めは、着任後3〜6カ月は手を出さずに観察することです。何かの指摘をするとか、今までのことを否定するとか、新しいことを導入するとか、大きな改革をするというのは、特に最初の6カ月までは、絶対ダメとは言いませんけど、ものすごく慎重にした方がいいです。

　守り/つなぎの意識で中国に赴任すると、元サッカー日本代表監督のザックやハリルのように、思うような結果が残せず、すっきりしない状態で任期切れを迎えて帰ることになってしまいます。

駐在三年の実態
右も左も手探りな1年目
慣れてきていろいろ見える2年目
着手しかけたが時間切れの3年目

駐在三年の計
➡1年で慣れて仕掛けるための策

図表4-1　駐在三年の実態と、駐在三年の計

◇信頼関係の深め方

　では、駐在1年目は何をすべきなのかを説明しましょう。1年目は、現地社員と「信頼関係を深める」ことに注力します。信頼関係に至るには、**図表4-2**のように3段階あります。最初の関門はまず「バカにされない」です。なめられない、あるいは反発されない、嫌われない。それをクリアした上で第2段階の「親近感」を持ってもらい、第3段階ではさらに深め、「コミュニケーションを取る」関係になり、信頼関係を築くことができます。

　本章では「第1段階　バカにされない」を解説し、「第2段階　親近感を生む」「第3段階　コミュニケーションを取る」は次章以降にて取り上げます。

第1段階	バカにされない
第2段階	親近感を生む
第3段階	コミュニケーションを取る

図表4-2　信頼関係を築く3段階

4-2 着任直後は「バカにされない」

◇◇ 「バカにされない」基本的な姿勢

　「バカにされない」基本的な姿勢をまとめると、以下のようになります。

・態度に表裏がないこと（昼と夜、本社と現地、上司と部下などに対して、極端に態度が違う人はバカにされます）
・自分から率先してルール破りをしないこと（他人には注意するけど、自分は守らないのは最悪です）
・極力、平等に接すること（日本語が得意な社員や、話しかけてくれる社員がいると、その人とばかり話したくなりますが、直属の部下に関しては、無口な人や寄ってこない人にも意図的に声をかけておいた方がいいです）
・清潔感を保つこと
・変に気を遣わない（仕事に対する態度は緩くてもなめられますので、毅然としたオーラは出しておきます）
・暴力や罵倒は絶対NG

　態度に表裏がなく、自分を特別扱いせず、清潔感があれば、まずバカにはされません。

◈ 「任期がある」とは言わない

　また、バカ正直に「任期がある」と言ってはいけません。「私の任期は3年。その間に皆さんにすべてを伝えきって帰るから」とか、「任期3年と言われたけど、私はそんなに時間をかけるつもりはない。2年ですべて伝えて帰るつもりだから皆さんもそのつもりでよろしく」なんて演説をされる方がいますが、完全に逆効果です。「2年我慢すればいいのか」と、ゴールが見えれば見えるほど、人は我慢できます。首をすくめて任期が過ぎるのを待ってしまいます。なので、「今までの駐在員は3〜5年ぐらいだと思うけど、私は明確に任期を聞いていません。こういうことをやってこいと言われています。できないうちは帰ってこなくていいと言われていますので、終わるまで帰れないから、皆さんよろしくね」と伝える方がいいです。本当は任期があったとしてもです。

　この話を実践した方がいました。そこの会社には問題社員が何人かいて、駐在員に対して「こいつうるさいな、でもどうせいなくなるからいいや」という態度で振る舞っていたそうです。そこで駐在員は「皆さんに言っていませんでしたが、私、任期はありません。本社から何も聞いていませんし、下手をすると5年、10年どころじゃないかも……」と言ってみると、その問題社員たちが血相を変えたそうです。「この人の言うことを聞こう」と思ってもらうには、「任期はない」は有効です。

◈ 運転手や通訳から情報が漏れる

少し話は逸れますが、「バカにされる」ネタとなる情報がどこから漏れがちなのかについて触れておきます。

第1位は社用車の運転手です。駐在員の行動はここから漏れることが最も多いです。第2位は通訳やアシスタント。この人たちは悪気なくしゃべっていることもあります。その他、経費精算で経理担当者から漏れます。SNSも危険です。ウィーチャットなどで夜のお店の女性に友達申請し、その女性のSNSが社員とつながっていると会社中に広まります。裏で、SNS上の名前で呼ばれたり、「今日も行っているぞ」と言われたり、そういういじられ方をされます。

あとは、酒席での写真や動画です。これはネットにさらされることもありますので危ないです。昔、中国国営放送の有名司会者が酒席のシャレで中国共産党の批判をしているところをネットに拡散され、表舞台から消えました。そういうこともありますので、社内飲み会であまり政治的に際どいことを話すのは気をつけてください。

4-3 着任直後に待ち受ける罠

　ここからは、「バカにされない」をクリアするために、待ち受ける罠について実例を基に見ていきます。

◈【待ち受ける罠①】乾杯の浴びせ倒し

　筆頭が「乾杯の浴びせ倒し」、酒席での罠になります。この点に関しては、昔の方が厳しかったと思います。昔は役所との宴会が大変でしたが、政府の風紀粛正が厳しくなり、もう役所が飲み会を開けなくなったので、役所絡みの宴会はなくなりました。しかし、社内宴会は残っています。

　社内の歓迎会でよくある光景は、総経理が駐在員を紹介して「新しく来た誰々です」と挨拶し、全体で乾杯の発声をして何か食べようかなと振り向くと、駐在員のところに行列ができている、というものです。同じ部署の人、全然関係ない人、とにかくみんなグラスを持って並んでいる。列の先頭の人に「乾杯しましょう」と言われてビールを持つと、いやいや白酒（アルコール度数が40度くらいある、中国でよく飲まれるお酒）ですよとグラスを持たされ、無理やり乾杯されます。

　相手に「僕は干しましたよ」なんて言われると、こっちも

飲み干すしかありません。喉が焼けるような酒ですから、5人ぐらい乾杯すると酔いが回ってきます。「ちょっと待ってよ」となりますよね。「多すぎるよ、部署ごとにしよう」と言えば、「さっきは1人ずつ飲んでくれたのに、僕の酒は飲めないんですか」とか何とか、いろんな理由をつけて1対1で乾杯しようとします。10人、15人となると、もうこっちはヘロヘロです。酒が強い人、なんだかんだ言いながら最後まで飲んで受け切れる人はいいのですが、そういう酒豪ばっかりじゃないですよね。

　春の夜遅くには、高級サービスアパートメントのフロントあたりで、両脇を日本人の同僚と中国人通訳に抱えられ、動けなくなっている撃沈日本人が大量に出現します。歓迎会で飲み潰れて運び込まれているのです。駐在員同士では「いやぁまいった、昨日もタクシーで不始末をしでかして、金を置いてきた」「朝気付いたら自分の布団の中でゲロまみれになっていて、窒息しなくてよかった」とか武勇伝（？）を披露しあって、中国だからしょうがないと言っていますが、そういう問題ではありません。プロローグで説明したように、これはいじめです。

　上海の洗練された会社や、部下の性格によってはそうでもないかもしれませんが、日本人を斜めに見て、お手並み拝見といこうじゃないかという社員が混じっている会社だと、新しい駐在員の器を見極めるために乾杯攻勢をかけて

きます。一番なめられるのが、本当は飲めないのに限度を超えてバカ正直に乾杯を受け、潰れてしまう人です。今度の駐在員は押しが弱いと見られて、仕事でも「それは中国では無理です」「ウチの会社ではやってないからできません」と言ってきます。押しに弱い上司だと値踏みした上でやってくるのです。つまり乾杯の受け方次第で、その後の力関係も決まってくるということです。言われたら断れないタイプはカモになります。

　だから乾杯は、真っ正直に受けてはいけません。かと言って「オレ、これ以上飲めねえよ！」と本当に怒ってしまうと、「器が小さい人」と思われてバカにされますので、断るにしても逃げるにしても技術が必要です。

◇乾杯の浴びせ倒しに負けない技術① 返り討ちにする
　乾杯に負けないための技術を紹介します。

　最強なのは、「相手が潰れるまでウワバミのように飲む」ことです。返り討ちにして、相手がへばっているのに「おい、もう1本いくぞ、飲め」とやって、部下たちが「勘弁してください」という関係が作れたら、これは最高です。2度と同じような襲い方はしてきません。これは社内宴会だけでなく、客先との宴会でも通用する技です。ただし、体にだけは気をつけてください。

　この技が使える人は少数ですよね。そこで、まずは「やってはいけない」ことを説明します。一番ダメなのは「酒に飲まれて醜態をさらす」ことです。これは絶対にやってはいけません。酒癖が悪いというのは日本でも褒められたことではありませんが、中国の方がずっと深刻に見られます。「酒文化＝乾杯に付き合わなきゃいけない文化」は誤解です。酒の席では絶対に姿勢を崩さない（あきれられたりバカにされたり軽蔑されたりする状態にならない）ことです。醜態はいくつかのパターンがあります。その場で嘔吐、怒り上戸で説教を始める、セクハラなど、周りが引くような酔っ払い方をしてはいけません。過去に人から酒の醜態を指摘されたことのある方は、中国で意識が飛ぶまで飲むのは絶対に避けましょう。

　社内飲み会は社交の場であり我慢比べの場です。彼らは、今度来た新米駐在員が酒の席でどんな人間性を現すか、本人が気づかないところでじーっと見ています。フラフラになるまで飲んでも、陽気になったり、場が盛り上がるような一芸を披露したり、文法無視の中国語でしゃべりはじめたりするだけなら大丈夫。でも醜態をさらしたり、二面性があると思われたりするのはマズい。飲むのが好きで、自ら「無礼講！」と意識が飛ぶまで飲んで醜態をさらす方向に突っ込んで行く人がいますが、中国でこれはアウト。酒の席でうまく対処できない人と認定され、特に女性社員からの信頼を失います。

◈ 乾杯の浴びせ倒しに負けない技術② 寝る

　では、最後まで付き合うほど酒に強くない人はどうすれ
ばいいでしょうか。私自身の対処法を紹介します。私は飲
めないし、気の利いたこともできないので、ギリギリ合格
の対応とお考えください。それは、「寝る」です。その場で
寝ます。私の会社は昔、役所との合弁だったので、飲み会
では役人の飲み方の洗礼を受けました。今は中央政府から
厳禁指令が出ているため、日系企業の駐在員が役人と飲む
機会はほとんどなくなりましたが、しばらく前まで、役人
は宴会・乾杯を仕事にしていると思えるような存在でした。
役人との飲み会でめった打ちにされながら、何とかダメー
ジを抑えなければと、自分なりに考え、試行錯誤してたど
り着いたのが、「寝る」でした。

　醜態は絶対さらしたくないが、付き合えるほど強くない。
どうしたらいいか。最初のうちは普通に付き合って乾杯を
続けます。私自身は飲むと最初真っ赤になり、次に頭痛が
始まり、最後は眠気が襲ってくる性質ですので、会話に混
じっているふりをしながら、だんだん眠気に任せて目を閉
じます。そして本当に寝ます。この際、ひじを立てて顔を
乗せておくのがポイントで、会話を聞いている姿勢のまま寝
ると目立ちません。腕組みも睡眠には移行しやすいですが、
腕組みは防御姿勢＝心を開いていない姿勢なのでこのよう
な場ではお勧めしません。

　寝ているのに気づかれると、起こされます。「ほら、起き
ろ、乾杯だ！」「あ、すいません、乾杯」。しばらく会話を
聞きながら、またフェードアウトしていきます。こうしてい
ると、明らかに起きているよりも乾杯の頻度は減りますし、
寝ることで若干酔いが覚めます。

　周りも酔いが回ってきたら、気持ち悪くなったかのよう
に、フラフラとトイレに行きます。本当は寝てすっかり復活
していたとしても、フラフラな感じでゆっくり行きます。で
きれば存在感を消して目立たずに。誰かが心配して付いて
きてくれたり、お店の人が支えたりしてくれるくらいなら
バッチリです。トイレの個室に入ったら、扉を閉めて座っ
て寝ます（座れない環境だったら仕方ないので立ったまま）。
宴もたけなわになっていて、みんな酔っ払い、さらに人数
が多いと誰かがいなくても気づかれません。運がいいと30
分から1時間ぐらい忘れてもらえます。そのうち誰かが思い
出して「あれ、どこに行った？」「トイレに行ったままじゃ
ないか？」となって見にきて、コンコンとノックされたら
すぐには応えない。何回かノックされて名前を呼ばれたら
「あーー。だいじょーぶでーす」とゆっくり応えて、ゆっく
り出て行く。

　それからまだ宴会が続くようなら、同じパターンです。
ちょっとだけ乾杯→寝る→トイレ。これをやっていると実
際に飲む量は相当減らせます。醜態もさらしません。「あい

つは酒に弱い。頑張って付き合うけど、すぐに撃沈するヤツ」と思ってもらってかまいません。醜態をさらすよりはずっとマシです。

◇ 乾杯の浴びせ倒しに負けない技術③ 特技を披露する

　もう少しスマートな対処の仕方として、場が盛り上がる特技を披露する人もいます。下戸の総経理で、宴会のためにテーブルマジックを覚え、いつもトランプを持ち歩いている人がいました。マジックは言葉ができなくてもジェスチャーで何とかなりますから、パッと消えると面白がってもらえて、少なくともマジックをやっている間は1滴も飲まなくてよくなります。日本に一時帰国するたび、新しい小道具を仕入れていました。

　この人は、役所や取引先などとの宴会が非常に多く、まったく飲まない経営者としてはかなり大変な立場でしたが、みんなマジックで大盛り上がりするため、誰もこの人に無理矢理飲ませなくなったそうです。盛り上げ役になれると、アイツを飲み潰そうとはされなくなり、むしろエンターティナーとして扱ってもらえます。回避できない飲み会が多い立場の人は、頑張って身につける価値はあります。マジック以外にも、中国のポピュラーソングをアカペラで歌えると、すごく受けます。日本舞踊を武器にする人もいました。どんな特技にせよ、重要なのは、お酒を飲まない（飲めない）分、何かでみんなを盛り上げようとする精神が伝わるかどうかです。

◇乾杯の浴びせ倒しに負けない技術④ 白酒以外に誘導する

　白酒はダメだけど、ビールやワインならいけるという人なら、別の方法があります。相手が「乾杯！」ときたら、「ここは中国。そして我々は日系企業。みんなは中国人、私は日本人。と来たら、ここはやっぱり中国と日本、共通のお酒で行かないと。共通のお酒ってなに？（ちょっと間を空けて）やっぱりビールでしょ〜（笑）。ということで、日中友好でビール！」などと訳のわからない理屈で押して、ビールに持っていきます。相手の白酒攻勢を真に受けず、こっちの仕切りに持っていくわけです。

　ワインでもいいです。「もう我々もいい歳だし、健康を考えたらワインでしょ。みんなワインは飲まないの？」「飲みます」「じゃワインは中国・日本共通だ。中国産のおいしいワインはないの」と、こっちのペースに持っていきます。この時点で、すでに話題を「中国のワイン」にずらすことに成功しています。「中国産、何かあったっけ」「ダイナスティは？」「いや、あれは……」とやっていると、もうこっちのペースです。中国人は意外とワインを飲み慣れていないので、白酒なら強い人も結構酔っ払ってしまいます。

　私の知っている人は、酒は無理だけど炭酸なら飲めるということで、コーラの一気飲みで相手していました。「バカにするけど、コーラの一気飲みはしんどいんだぞ、やるか！」なんて言って話をずらして、ノリのいい男の子を捕まえて

きて飲み比べです。こんなことをやっていれば、いつの間にか白酒攻撃から逃れられます。

◈ 宴会は駆け引き

　中国における宴会は、単純に酒の強さを競い、最後までお付き合いすることで友好の証を示す場ではなく、高度な駆け引きの場、互いの力量を図る場です。社外が相手だと立場が複雑になりますが、社内なら駐在員の立場が上のことが多いと思います。ですので、上手に自分の得意分野に持っていきつつ、場を冷やさないようにします。さほど飲めないけど盛り上げていると、中国人は「うまいな、できる人だ」と見てくれます。ベロベロになって「また酔い潰されてる、気の毒に」と見られたり、乾杯攻勢に「オレは飲めないって言ってるだろう！」とキレて「器の小さいヤツ」と思われたりするのを避けられます。

　どの方法でもいいので、自分のできそうなところで頑張ってください。飲むのが得意でない人、中国式の乾杯攻勢が苦痛だという人にとって、懇親の機会でもある社内飲み会が「苦痛」「恐怖」「憂鬱」な存在になってしまうのは、とてももったいないです。もちろん、無礼講だとか、最後まで付き合うのが文化だとか言って、醜態をさらすのは論外。しなやかに、したたかに、乾杯文化の波を乗りこなしてください。

◈【待ち受ける罠②】着任早々の課題報告

新任者が気をつけるべき罠の2つ目です。

着任早々、日本語のできる社員がやってきて、「○○さんみたいな人が来るのを待っていました。実はウチの会社にはこういう問題がありまして」と、ディープな問題や組織の闇を率先して教えてくれることがあります。ピュアな人は「そうか、そんなことがあるのか。教えてくれてありがとう！」となるのですが、往々にして、教えに来た社員自身が病巣というケースが多いです。

本当に分別のある社員は、まだ新任者の力量もわからないうちに微妙な問題をぶつけてきたりしません。彼らはまず、今度の新任者は難題を解決してくれそうなリーダーか、それともヘボかを見極めます。ヘボだと見極めたら、表に出ない本当の課題を相談に来たりはしません。課題を伝えても、不用意に取り組もうとして失敗する、問題社員派閥の反撃で組織の混乱が増す、告発者が自分だとバレて復讐を受けるといった結果を招くだけだからです。

分別のある社員たちから本当の話を聞こうと思ったら、最初の3カ月間は無理です。見極め期間に少しずつ彼らの信用を得、個別面談のような衆人環視ではない状況で、こちらから感じていること、疑問に思うこと、目指したい組織づくりなどの話をしていくうちに、少しずつ教えてくれ

ます。いきなり「ご注進！」なんてことはあり得ません。こんな話に乗っかってしまうと、心ある社員たちから「あぁ今度の駐在員もこのレベルか」と失望され、赴任早々に見切りをつけられてしまいます。

◈【待ち受ける罠③】「中国では無理です」

　中国人社員がよく使う言葉に、「中国では無理です」「前任者のときはこうでした」「今までやっていませんでした」があります。どれも「ノー」を意味しています。こうした言葉には気をつけてください。着任直後は駐在員を試すかのように、ガンガンこういう「ノー」が出てきます。新任者にとっては、本当かどうかわからないし、検証もできないので、アンフェアです。

　私の経験上、これらの言葉は、かなりの割合で、ダメ元で言っています。新しい面倒そうなことが出てくると、こう言えば諦めてくれると思って言っています。「中国ではそういうルールなんです」「今までこの会社ではこうやっていました」と言われても、「そうなんだ、しょうがない」と引っ込んではいけません。本当はそんなルールなんてないけど、とりあえず言ってみたら諦めるかもと思っているだけかもしれません。「中国では無理です」ときたら、どうして無理なのかをよく聞き、社外の経験豊富な人たちに「こんなふうに社員に言われたけど、本当にそういうルールなの」と裏を取ってみてください。「中国では」は真に受けず、疑問を持っ

て別ルートで検証するようにしましょう。

　私はいろいろな会社の外部顧問をしているので、こうした質問を受けることは少なくありませんし、新任者の着任時に挨拶の機会があれば、「あれ、本当にそうなの？と疑問に思うことがあれば、最初の1年は何でも裏取りのため質問してください」と伝えるようにしています。

　実際に駐在員さんが自分の感覚で、「ええっ、本当に中国ではこれがダメなの？」とか「本当にこの拠点では今までやってなかったの？」と疑問に感じて私に連絡いただくと、「いえ、むしろ中国国内企業では当たり前です」だったり「5年前の総経理の時代から取り組んでいるはずです」だったりすることは少なくありません。社員がダメ元でとりあえず言ってみた典型ですね。ここで裏取りをせず「そうなのか」と受けてしまうと、もう明日から「ダメ元話」のオンパレードです。

　業務上のちょっとしたことならまだいいですが、信頼すべき管理部の管理者がやってきて、「この地域では、こういう法定手当があります。企業には支給義務がありますが、この会社ではずっと支給していません。周辺の日系企業も皆支給しているものなので、支給する方がいいと思います」と、プリントアウトした中国語の規定を添えて持ってくることもあります。

これを聞いた新任者は、これまでの未支給に対して、どんな行政処分や裁判のリスクがあるか心配になり、私に相談しました。添えられた規定の内容を確認した後、私からこの方に連絡しました。「まず、これは法律規定ではありません。どこかの弁護士が自分の意見として書いたコラムです。前後を切り取って公的な規定のように見せたんでしょう。念のため、御社の周辺企業にも5社ほど確認しましたが、1社も支給していませんでしたよ」。持ってきた現地社員も法律だと信じ込んでいる場合と、嘘だとわかっていて仕掛けてくる場合が混在しているので厄介ですが、気をつけなければなりません。

　実際、このような裏取りを怠り、社員に言われるまま長年不必要な手当や福利を支給してしまった会社もあります。一度、継続支給している事実ができてしまうと、法的義務のない手当だからと言って会社の一存で廃止することはできなくなりますので、経営への影響は小さくありません。赴任早々の「中国では無理です」や「これはルールです」には気をつけてください。

◈【待ち受ける罠④】組織破壊者のブラックジョーク

　会議で誰かが中国語でボソボソッとつぶやいて、周りが苦笑することがあります。日本人にはよくわからない。これは皮肉やブラックジョークを言って笑わせているのですが、彼らは絶対に日本語では言いません。中国語でそうい

うことをやる人は、たいていが組織破壊者です。

　20人くらいで会議をしていて、1人でもこういう人がいる
と、他の19人は本気で仕事に取り組めなくなります。言っ
ている内容は「将来国賊として国から摘発される人間がい
るとしたら、この会社なら少なくともオレじゃないよな」み
たいなものです。意味するところは「日本人の下で熱心に
頑張っちゃって、お前ら国賊みたいだよな」ということを間
接的に言っています。あるいは「日本人の犬」を意味するス
レスレのジョークを言うことがあります。普段は課長同士、
呼び捨てで呼んでいるのに、今日だけ「張課長、最近すご
く頑張っていらっしゃいますね」と揶揄する。頑張っていて、
上から認められている同僚を冷やかすのです。こういうこ
とに対して、中国人は本当に敏感です。「は？お前、何言っ
てんの？」とは言えません。9割が真面目な社員でも、1人
か2人、冷や水をぶっかけたり、冷笑したりするような人間
がいると、全員が金縛りにあったかのように頑張らなくな
ります。なぜこうなるのか、まだ私も彼らの心のメカニズム
がわかっていませんが、こういう状況は間違いなくありま
す。「ええかっこしいだと言われたくない」という思いでしょ
うか。

　これを改革するには、そういうことを言う人たちをゼロ
にするしかありません。少なくとも自分の組織から追い出
して視界の外に飛ばしましょう。これは皆さん、本気でやっ

てください。こういう人が1人もいなくなると、社員の本気度が劇的に上がります。

◈【待ち受ける罠⑤】中国語のCCメール

　人によっては、意図的に中国語と日本語を使い分けてメールを書いてくる人がいます。都合がいいことは日本語で書き、中国語のメールは全部CCで送ってきます。気をつけなければいけないのは、「私はあなたにもCCで通していました」「私はあの上司にもCCで通している。異論のメールももらってない」といったエクスキューズのために利用されることです。中国語で転送メールをボンボン送りつけてくる社員がいたら、どこかで釘を刺さないといけません。「情報共有してくれるのはいいけども、OKでもNOでも、内容が理解できたら必ずアクションするから、自分から何にも送ってないということは承認も否認も理解もしてないと思ってくれ。何も反応がないのに『言いました』『送りました』という仕事の進め方はダメだ」と牽制しておく必要があります。

◈【待ち受ける罠⑥】日本語と中国語を使い分ける

　その他、意図的に日本語と中国語を使い分けて、ある部分は駐在員に聞かせるようにするけど、ある部分は聞かせないようにしゃべっている人は要注意です。

　これは日本人側も同じです。ついつい言葉が過ぎて日本語で悪態をつく人がいます。「アホか、バカか、フザケンナ」

などと発言し、通訳に「これは訳さなくていいから」と言っ
ても、振る舞いと雰囲気で相手は意味がわかっています。
「訳さなくていい」と言った瞬間に相手は「あ、暴言吐いた
な」とわかります。暴言は帳消しにはできません。日本で
言わないような悪態は、中国でも言ってはダメです。

4-4 現地に学ぶ謙虚さと、毅然とした管理

　ここまで、新任者を待ち受ける罠や地雷を見てきましたが、日本よりやりやすい面もあります。

　それは、中国人は「頼りがいのあるリーダーだ」とさえ認めれば、どんな人でも受け入れることです。国籍、年齢、仕事経験、性別、一切関係ありません。この人が私のリーダーだと精神的に認めると、いろいろな条件を全部無視して、ちゃんとリーダーに付いてきてくれます。日本人でも若くても年寄りでも、女性でも男性でもまったく障害になりません。中国語がしゃべれなくても問題ありません。

　リーダータイプとしては、強烈な独裁者型じゃなくても大丈夫です。「しょうがないなぁ、でもあの人が言うならしゃーない、やったるか」という感じで付いていく「愛すべき親分型」でもいいし、年が近ければフランクに付き合える「兄貴/姉御型」でもいい。相手が仕事に自負を持つベテランなら「コーチ/応援者型」もいいでしょう。「ここの実務は僕より皆さんの方がずっと深く理解されているし、力も上だから、皆さんで大いにやってください。日本側と調整が必要とか、日本人客やサプライヤーの対応とか、面倒くさいことがあればいつでも呼んでください。もし問題が起

きたら潰さなきゃいけないから、そういうときには私が入りますね」とメッセージを伝えて、「皆さん、頑張ってね！」と相手を立てて使う。そういうリーダーシップもアリです。部下もアホではないので、「この日本人を使った方が得だな」と思えばいろんな相談をしますし、独断で動かず一緒にやるようになります。そうなったら相手のメンツを立てつつ、「確かにそうなんだけど、日本側のことを考えると、この方がいいかもなぁ」「僕としてはそれで十分だと思うんだけど、あそこの客はうるさいから、ここまでやっといた方がいいかも」と自分の見解じゃないようなふりをしながら、やってほしい方に引っ張っていけばいいのです。最低限、この人に付いていった方がプラスになると思ってもらえるような接し方をして、上司として何らかの価値を提供していくことで、皆さんはリーダーになれます。

第 5 章

信頼関係づくりの
第 2 段階 「親近感」

5-1 信頼への第2段階「親近感を生む」

　駐在1年目で信頼を得るために、前章で説明した「バカにされない」の次の段階へ入ります。駐在員は自分の仕事を全うするために現地社員に親近感を持ってもらう必要があります（**図表5-1**）。

◇ 親近感＝距離感＋肯定感

　「親近感を持ってもらう」と書くと、「私は痛みを伴う改革をミッションとしてやってきた。嫌われ者になっても果たすべき仕事だし、むしろ心を鬼にしないとできない課題だ。中途半端に親近感を持ってもらおうとするべきじゃない」と感じる人もいるかもしれません。

　改革を断行するのであれば、このような覚悟は必要です。そして、このような覚悟を必要とする改革を成し遂げるためには、やはり私の言う「親近感」を持ってもらうことが不可欠です。

　この親近感とは、仲よくなることではありません。まだ信

第1段階	バカにされない
第2段階	**親近感を生む**
第3段階	コミュニケーションを取る

図表5-1　信頼関係を築く3段階

頼関係を築くほど一緒に仕事をしていない段階で、部下たちにとって損か得かわからない新しい取り組みについて説明するような場合に、「また変なことを言い出した。どうせ本社の都合だろ。3カ月も持たないで立ち消えになるだろうから、しばらく放っておこう」と取られるか、「よくわからないけど、この人が言うなら私たちに不利な話ではなさそうだし、とりあえず聞いてみるか」と感じてもらえるかの問題です。

　親近感があるかないかは、改革にとって致命的に重要です。なぜなら現地社員が駐在員に親近感を持っている状態とは、言葉を換えると、社内世論が何となく駐在員に味方する状態だからです。逆に言えば、親近感がないと、たとえ現地社員のための改革であっても、「本社（駐在員）の都合のために、自分たちの利益が奪われるんじゃないか」と受け取られます。

　痛みを伴う改革の場合、最初から大多数の現地社員が理解し支持してくれることは残念ながらありません。しかし、大多数が中立（日和見）の立場でいてくれれば、改革は成功させられます。積極的抵抗者は、通常、全体の5％（500人の組織なら、20〜30人）もいません。局地戦で済むか、彼らの扇動に乗って300人の社員がストライキやサボタージュに出るかでは、対応の難易度は火を見るより明らかでしょう。

　親近感を持ってもらうための実践策を考えてみましょう。

5-2 親近感を生むポイント

◈親近感を生むポイント①笑顔と声かけ

まずはシンプルに、「笑顔と声かけ」です。自分から笑顔で声をかける。できればそのときに、なるべく名前を呼びます。

フルネームでなくてもいいので、できるだけ現場に行って声をかけるようにしましょう。普通の会社だと、駐在員はもちろん、現地の部門責任者や部課長クラスもまったく現場に行かないことが多いです。その状況で、新しく来た駐在員は自分たちの現場に来て、笑顔で声をかけてくるとなれば、他に何にもしなくても親近感を持ってもらえます。「この人は今までとは違うな」「自分のことを歯車の1個とは思ってないな」と思ってもらえれば、印象は格段によくなります。

そうすると何か改革をするときに、社内世論を味方につけられます。世論は大事です。一部の管理者が不満に思っても、大多数の社員に総経理を支持する空気があると、大きな後押しになります。

◈親近感を生むポイント②社長アイドル化

親近感を持ってもらうのは、組織が大きいほど、そして駐在員の立場が高いほど容易です。つまり、大きな改革の

リーダーになる人ほど有利です。

　現場は普段あまり大事にされていないことが多いので、トップが現場に行って「いつもありがとう」と言うだけで絶大な効果があります。政治家と同じです。田中角栄は挨拶して回るだけで絶大な票田を得ていたと言われています。

　実例を紹介します。東南アジアに展開する日系企業の話です。ある現地法人は先代のときに経営危機に陥り、テコ入れしないとまずい状態になりました。そこで創業者一族の長男が社長を引き継いで派遣されたのですが、工場は離れた場所に4つあり、それぞれ千人規模で人間関係も複雑、最近は1つの工場で労働問題まで起きて最悪な空気になっています。しかも先々代の現地創業社長が大盤振る舞いをしていたので、ほとんどの社員は創業社長への思い入れが強く、それを否定して引き締めるためにやってきた新社長にとっては完全にアウェーです。しかも新社長は他拠点のトップも兼務しており、現地に滞在できる時間は限られています。

　こういう大きな組織の場合、トップが全員と顔見知りになるのは、おそらく不可能です。本社での会議、顧客との会合、役所関係の対応など、社内にいないことも多く、社員との関係づくりの時間は、ほとんど取れないでしょう。

　私はこの会社から依頼を受けてアドバイスしました。そ

の方法は「社長アイドル化」です。具体的には、次のように伝えました。

「社長、忙しいのはわかりますが、現地にいる時間はできるだけ工場に顔を出して、すべての工場を順番に回ってください。イメージとしては韓流スターやアイドルです。時間は短くてかまいません。他のことは何もしなくていいですから、とにかく現場のラインまで行って、『やぁやぁ、どうもどうも、社長の○○です、皆さんいつもありがとね』とニコニコしながらひたすら回ってください」。

　最初は「えー、嫌だよぉ」と言っていた社長ですが、「3カ月後にはみんながあなたの味方になります」と説得して、実際にやってくれました。

　結果、半年で工場の空気が変わり、1年後には過去最高益を出したのです。スマイルだけでこれだけの効果が出るのです。特に組織が大きい場合、トップが笑顔で現場を回るだけで、すごい効果が得られます。

◈親近感を生むポイント③名前は中国読みで
　声かけも費用対効果が高い方法です。「ニーハオ」だけでもいいのですが、もう少し頑張って、周囲の人の名前を中国語読みで呼んでみてください。少しの努力と工夫で効果が大きく上がります。

「陳さんではなくてChenさん」「田くんじゃなくてTianくん」というように、中国語の読み方で声かけします。発音は通訳の方にお願いして訓練したり、難しい名前はルビを書いてもらったりすればいいと思います。中国語はイントネーションが違うと意味が変わる言語なので大変ですが、これができると親近感が大きく高まります。多少発音が間違っていてもかまいません。

　例えば、私の名前は小島ですが、中国語読みの「シャオダオ！」と呼ばれるより、日本語のできない中国人が「コジマサン」と呼んでくれる方が、親近感を抱きます。

◈親近感を生むポイント④食事はカジュアルな店で

　親近感を得るポイントとして、「中国人社員を食事に誘う際、カジュアルな店を選ぶ」のは効果的です。

　前提知識として、中国では日本的な割り勘はウケが悪いことを覚えておきましょう。駐在員が現地で部下や同僚と食事に行く場合、自分から誘い、店も自分で選んでおいて割り勘はダメです。傾斜をつけた割り勘、例えば客単価200～300元の店で「オレが1,000元出すから、みんなは100元ずつお願い」は一見悪くなさそうですが、中国では嫌われます。「だったら誘うなよ」と思われます。中国で割り勘はNGと覚えておいてください。

店選びでやりがちなのは、日本料理店や高級店ばかりに連れて行くこと。自分は上司だし、給与も現地社員より相当高いし、ある程度ちゃんとした店に連れて行かなければというのは、相手の気持ちがわかっていません。自分が食べたいからという理由で日本料理屋ばかり選ぶのも、単なる自分勝手です。

　相手の立場で考えてみてください。自分の上司がフランス人だったとして、東京や名古屋で毎回フレンチの高級店に連れて行かれたらどうでしょう。最初はうれしいかもしれませんが、いつもだと飽きてきますよね。そもそも親近感は高まるでしょうか。下手をすると、かえって立場の違いを際立たせるだけかもしれません。

　そこで、現地社員との食事会では、あえてカジュアルな店に連れて行きます。店選びは簡単です。若手社員に「ねぇ、最近どんな店がはやっているの?」と聞いてみてください。「○○という火鍋の店が人気です」となれば、「じゃ、今度そこに連れてってよ」とお願いして予約までしてもらうのです。彼らの行きつけの店に行って、肩の凝らない場で、彼らがおいしいと思うものを食べながら話せます(さっきの例で言えば、皆さんが行きたい焼肉屋や串カツ屋に欧米人の上司が喜んで来たら、距離が縮まりそうですよね)。財布にもやさしく、現地社員との距離感も縮まる。こんないい方法はありません。

そうするとそのうち、「いつもご馳走になってばかりだから、今日はオレが出します！」という部下が現れるかもしれません。こういう店なら経済的打撃は少ないので、言われたら気持ちよくご馳走になってください。「え、本当に！？いや〜、ありがとう。うれしいなぁ。だったらせっかくだからビールもう1杯（笑）」みたいな感じで、おごられ上手になりましょう。

たまにご馳走してもらうことで、彼らと駐在員の関係はバランスが取れます。一方的な関係より、ご馳走し合う関係の方が距離は縮まります。親近感を生むテクニックです。何かの節目やいい仕事ができたときは高級店へ連れて行ってドンとおごればいいのです。

◇ 親近感を生むポイント⑤部下に相談する

少し親近感が芽生えてきたら、「部下に相談する」のもお勧めです。上司から相談されたり弱音を吐かれたりすると、「すごく信頼されているんだなぁ」と思い、距離感が縮まります。

例えば、本社から指示されているんだけど現地では嫌がられそうだなとか、実施するのが面倒だなと思うことがあったら、近しい部下に

「本社からこんなこと言われててさ、どう思う？」

と振ってみてください。相談の答えが出るとは限りませんが、

「うーん、これは現場に説明できませんね」
「現地のことがわかってないよな」

という会話ができれば、少なくとも「我々は同じサイドに
立っている」という感覚を持てます。そんなふうにして、た
わいないことでも相談してみてください。

　レストラン選びでも、

「会食というと日本料理ばかりだけど、オレに気を遣ってい
るんじゃない？　みんなはそんなにうれしくないでしょ。オ
レもうまい中華料理が食べたいし、いい店知らない？」

という会話は、相談の一種です。

◈親近感を生むポイント⑥一緒に喜び、怒ってもカラッと
　親近感を生むポイントの最後は、「喜怒哀楽がわかりやす
い」ということです。

　プロ野球でもよく言われますが、喜怒哀楽がはっきりし
ている監督の方が、ムスッとして何を考えているかわからな
い監督よりも選手は乗りやすいです。自分の感情を露骨

に見せて相手にコントロールされるのは論外ですが、喜怒哀楽がはっきりしていると、部下も「あ、今こういう相談しない方がいいな」「今ならあのマズイ話を持っていっても許してくれるかな」と判断がつきます。そうすると、彼らもタイミングを見計らっていろんな話をしてくれます。

ところが、怒っているのか機嫌がいいのかわからないと、「この話を下手に持っていって逆鱗に触れたらどうしよう」と何も言って来なくなります。「今持ってくるなよ」「今持ってこいよ」というのをある程度わかりやすく態度に出しておいた方が、下から話は上がってきやすいです。

ここで大事なことは、うれしくても怒っても引きずらないことです。本当に自分の状態をさらけ出すという意味ではなくて、相手から見てわかりやすいようにするということです。相手に関心を示し、相手と対等に接し、自分を率直に見せれば親近感は生まれます。

第 **6** 章

信頼関係づくりの第 3 段階
「コミュニケーション」

6-1 敬意を集める「リーダー」になる

　ここからは、信頼関係を築くために、もう一段高いレベルに進みます。テーマは第3段階の「コミュニケーション」ですが（**図表6-1**）、漠然としたコミュニケーションではなく、駐在員の立場を踏まえた上でのコミュニケーションを理解することが必要です。駐在員は、基本的に現地社員からすれば「リーダー」です。まずは、そのことを自覚しないといけません。

　現地社員の方が年上だったりベテランだったり、自信満々な部下がいる場合、駐在員が「オレについてこい」と引っ張るのは難しいこともあります。でもリーダーにはいろんなタイプがありますから、「絶対的ボス型」「愛すべき親分型」「お兄さん/お姉さん型」「コーチ型」「応援者型」など、自分に合ったタイプでやっていけば、上司としての仕事は果たせます。

第1段階	バカにされない
第2段階	親近感を生む
第3段階	**コミュニケーションを取る**

図表6-1　信頼関係を築く3段階

　中国では総経理だろうと会長だろうと、人間として「この人はすごい」と認められないと内心バカにされます。その代わり、国籍・年齢・性別・肩書を問わず、「この人がボスだ」と認めると、日本人以上に、立場や年齢の逆転なども乗り越えて立ててくれます。そういう意味ではすごくフェアな環境です。

　リーダーと部下という関係が確立すれば、リーダーが答えを示せなくても、部下の話を聞きながら一緒に考えていけばいいのです。「一緒になって考えてくれる上司」は付き合いやすいと思うものです。

　駐在員が「自分の強み」を活かして、部下と一緒に課題に取り組んでいくことが大切です。

◈駐在員の強みとは

　では駐在員の強みとは何でしょう。ほぼすべての駐在員に共通する強みに、「企業文化の体現」があります。「ウチの会社はこうだから」というのは、おそらく現地社員よりも駐在員の方が深く理解しています。

　次に仕事への姿勢です。担当業務外でも、契約書に書いてなくても、給料に反映されなくても、目の前に課題や仕事があったらちゃんとやるという態度において、どの駐在員も現地社員よりは厳しい姿勢を持っているはずです。本

社や上層部への根回しも、通常は駐在員の方が現地社員より有利です。

　全員とは限りませんが一般的な傾向として、論理的な整理は日本人駐在員の方が得意なケースが多いです。口頭での説明の仕方や書類の作成など、上司に提出する資料を作るのは駐在員の方がうまいです。また、リスクや課題を自分で見つけて設定するのは、日本人が鍛えられているポイントです。これは特に中国を含むアジアの社員は苦手です。

　こうした点は、立場や部下との関係とは無関係に、駐在員が基本要素として持っている強みですから、多くの人が使うことができるはずです。強みを使って、現地社員よりもスムーズにできることや、現地社員が面倒でやりたくないことをやってあげるだけで、彼らとの健康的な補完関係が作れます。

6-2 海外法人での最大の ストレス源は「言語の違い」

　リーダーと部下という関係を築いていくときには、「君はこういうことができるよね」「この部分をやってくれれば後はフォローするよ」といった突っ込んだやり取りを行う必要がありますが、これは十分にコミュニケーションが取れることが前提です。

　ただ、中国人社員も日本人駐在員も、両国語を母語レベルで話せるという人はほぼいませんので、コミュニケーションを取るには言葉の違いという大きな問題が待ち受けています。この問題を解決する方法は、単純に考えて4つあります。

① 日本人が中国語を習得する
② 中国人が日本語を習得する
③ 英語を社内公用語にする
④ 優秀な通訳に依存する

　実際にコミュニケーションを深めようとすると、4つのどの方法も難があります。

　「① 日本人が中国語を習得する」方法は、親近感を持つ

てもらうという意味でもすごくいいと思いますが、3年の任期中に業務指示が出せるレベルまで到達するのはかなり難しいです。達成できたら素晴らしいですが、時間的にも能力的にも、誰もが目指せるわけではありません。

　「② 中国人が日本語を習得する」方法はどうでしょう。すべてのポジションを日本語ができるスタッフだけでそろえるのはなかなか大変です。それに日本語力と仕事の能力は比例しませんから、やはり管理者は言葉よりマネジメント力を優先して選んだ方がいいと思います。

　「③ 英語を社内公用語にする」は、英語レベルの高い人材だけが集まる一部の会社では現実的な解決策ですが、多くの会社では日本人も中国人も伝えたいことを自由に表現できる英語力はありません。結果、英語がネックになってコミュニケーション量が過少となり、誤解やストレスが蔓延しているケースもあります。

　現実的には「④ 優秀な通訳に依存する」方法を採ることが多いでしょうが、実はこれ、意外に危ないんです。

◇ **通訳の活用は大いに結構、ただし依存は危険**

　コミュニケーションは「言葉」だけではありません。第2章で詳しく説明したように、日本人と中国人は生きてきた環境が全然違うので、日本人的な感覚で話をしても中国人に

は伝わりません。

　また、駐在員と現地社員の会話を訳す際、通訳は自分の「思い」で解説を入れることがありますが、その「思い」はかなりの確率でズレています。駐在員の言葉を補って、「こうだからこうでしょ」と言ってくれているのですが、両方の言語がわかる立場で側から見ていると、「そんな意味じゃないんだけどな」ということはよくあります。

　日本人上司を脇に置いて通訳と現場社員であーだこーだと言っているうちに、どんどん上司の伝えたいこととはズレていっているのに、会話が聞き取れないから口もはさめず、軌道修正もできず、さんざん待たされた末に通訳から「わかったそうです」とまとめの言葉だけが返ってくる……。これではコミュニケーションが取れているとは言えません。100%の通訳依存は、やはり危ないと思います。

6-3 言葉の問題を解決！ 日本人だけができる第5の道

　では、どうすればいいのでしょうか。私のお勧めは前述の4つのどれでもなく、第5の方法として、「お互い何とか歩み寄る」アプローチです。スマートでなくても、何とかしてお互いの違いと言葉のギャップを埋めていく方法をお勧めします。

　それは、「漢字」を使った筆談です。中国人に歩み寄る手段として、世界中で日本人にしかできない方法です。

　韓国はハングル文化に移行したので、中国以外で日常的に漢字を使うのはほぼ日本人だけです。欧米人から見たら、漢字は象形文字に見えるでしょう。日本人がエジプトの石板に刻まれた字を見る感覚とほぼ同じです。専門家でない限り、覚えたり解読したりする対象ではありません。

　日本人だけが、中国語を何も勉強しなくても、漢字を見ればわかります。例えば「白板」と書いてあれば、「ホワイトボードね」と理解できます。中国の漢字と日本の漢字は少し形が違っているものもあります。例えば「日本语」。「語」の左側は変形していますが、たいていの日本人は「日本語」と理解できますよね。しかし漢字文化圏でない人が見たら、

「白板」も「日本语」も文字に見えないでしょう。意味もまったくわかりません。漢字という中国との共通基盤を持っているのは、日本人だけのアドバンテージです。

　現地社員のうち、高卒以上程度の人材なら簡単な英単語は読めます。数字ももちろん読めます（中国は九九レベルの計算なら世界でも速い方です）。図で表せば、当然わかります。工場で使う部品の型番などもお互い通じます。つまり、漢字に加えて数字と図を使えば、言葉が話せなくても、直接対話ができるということです。

◈漢字二字熟語を多用する

　注意すべきは、日本人にとっての平易な表現と、中国人に伝える場合の平易な表現が異なることです。

　日本人はやさしくしようとすると、ついひらがなを多く使った表現をします。行政などでは外国人向けに案内板をひらがなで書いています。しかし、中国人にとってひらがなは難敵です。やさしくしたつもりが、むしろ逆効果になってしまいます。

　伝わりやすいのは漢字二字熟語です。日本人には堅い、難しいというイメージがありますが、中国人にとっては中国語の感覚で解読できるため、よりやさしく感じます。そもそも二字熟語のほとんどが漢文文化を通して中国から日本

に来たものですし、明治以降は日本が西洋の概念を取り入れて漢字に訳し、それが中国へ伝わっています。

　特に抽象概念は日本製の言葉がそのまま中国語になっている場合が多いです。それ以外でも漢字2文字の単語ならかなり通じます。「数字」「会議」「電話」は、すべて日本語の漢字で通じます。「重要」や「対応」もわかります。「至急」は通じないかもしれませんが、「緊急」なら伝わります。これを「早く」などと書いてしまうと伝わらなくなります。

◈筆談コミュニケーションの実例

　日本人が使えるアドバンテージをどう使うか、実例を見ていきましょう。

　ここで紹介するのは、5年も中国に駐在しているのに、中国語は「ニーハオ」「シェシェ」「没有（＝ない）」「漂亮（＝きれい）」「啤酒（＝ビール）」の5つしかわからないと公言している現地経営者のやり方です。

　この人はいつも自分用のミニホワイトボードを持って工場を回っていました。すると停止した機械の前で困り顔の社員が集まっているようなシーンに遭遇します。日本人技術者は一時帰国中で不在、現場通訳も今日は休み。とりあえず「どうしたの？」と日本語で話しかけると、彼らが中国語で口々に何かを訴えてきますが、もちろん聞いてもわかり

ません。

そこで、ミニ白板を取り出し、「書いて」と指で示します。中国語の文章で書こうとするので、「違う、違う」と止めて、機械や製品を示しながら図で書くように伝えます。社員はしばらく書いては消してを続け、何とか図にします。それを見ると、どうも壊れた部品があるが、現地ですぐには調達できないということらしいとわかりました。確認のため、「これか？」の意味で丸を描くと、彼らは別なところに丸を描きました。

どっちかなぁと思案していると、社員の1人が聞き覚えた日本語で「○△＃％！」（部品名らしき言葉）を口にします。

「○△＃＠か！？」
「対対！（＝そうそう！）」
「オッケー」

といった会話にはなっていないコミュニケーションが成立し、ミニ白板に

「日本」「山田」「入手」→「交換」
（「日本本社の山田に送ってくれるように依頼し、届いたらそれに交換」の意）

と書いて指でオッケーマークを見せると、彼らの顔はパッと明るくなりました。

　オフィスに戻り、日本の山田さん（技術者）に電話を入れて趣旨を伝え、「念のため通訳経由で再確認しておいてね」と告げて一段落です。社員が集まっているのをそのまま放置したり、通訳が出勤するまで待ったりしていたら、何時間無駄にしたかわかりません。

　筆談による直接対話ができれば、日本人は世界で一番、中国人と近い位置にいます。

◈ 通訳にはポイントだけ頼む

　もちろん業務の込み入った話になると、筆談の直接対話だけでは難しくなります。そういうときは通訳を入れて、自分で聞いた話を「こう理解したけど、合ってる？」と確かめるようにします。あるいは自分で伝えたいことがあったら、「今、3つのことを話したけど、確認のために言ってみて」と、相手に説明させてみるといいでしょう。通訳はこういう確認のタイミングで使います。

　つまり、まずは通訳を入れず、できる限り漢字・数字・図・アルファベットを駆使してジェスチャーで頑張り、その後で、抜け漏れがないように通訳を入れて確認するのです。全部通訳に依存するのではなく、ポイントだけ頼むという

ことです。

　実はこれ、実際にやると最初は大変です。コミュニケーションがうまく取れずに失敗したり、誤解やミスが生まれたりすることもあります。でも経験上、半年ほど粘り強く続けると、特にいつも顔を突き合わせているメンバーなら、お互いに相手の癖がわかってきます。「あー、この単語とこの断片が出てくるということは、言いたいことはこれだな」「苦笑して首を振りながらしゃべっているということは、こういう意味だな」というように、言葉そのものがわからなくても、相手がどういうコミュニケーションをする人かがわかってきて、双方向で推測力が加速度的に上がります。後で通訳に「あれでよくわかりましたね！」と言われるぐらい、なぜか伝わってしまうのです。

6-4 筆談をやってみましょう

　では、実際に例題をやってみましょう。以下の内容を現地社員に伝えたいとします。相手は日本語ゼロ、こっちは中国語ゼロ。筆談を使ってどう指示をするか、考えてみてください。

「12月20日までに、全員分の労働契約書の原本があるかないか確認して、リストにして、会社で管理したい。対応は張晨と崔震の2人でよろしく」

　まず「全員」と書いて指さし、日本語で「わかる？」と聞くと、ウンウンとうなずくでしょう。次に「労働契約書」です。中国語で「契約書」は「合同」といいますので、ここで意味がわからなくなるかもしれません。相手が「？」という顔をしたら、ここで通訳を呼びます。

「契約書って中国語で何だっけ？」
「合同です」
「あ、合同ね、オッケー」

　この会話を聞いた中国人社員は「おお、合同、わかる」となります。次に「確認」と書きます。中国語の漢字（簡体

字）は日本の漢字とは違いますが、中国人は日本の漢字を読むことができます。何を確認したいかというと「労働契約書があるかどうか」です。「有（ヨウ）」「没有（メイヨウ）」ぐらいは言える人も多いかもしれません。あればOKですので、「有→OK」で伝わります。

　次に難関の「結果をリストにしてほしい」です。これは普段使わない言葉かもしれませんが、「一覧化」「LIST」あたりで通じるでしょう。図でリストの例を書いて示せば完璧です。締め切りは12月20日までなので「12/20 完了」。担当者は「張晨　崔震　実施」。これでほぼ通じたはずです（実際、企業内研修でこの内容を話すとき、中国語しかわからない社員の方を呼んできて即興で実演することがありますが、ほぼ確実に伝わります）。

　この時点で、白板には**図6-2**のように図やテキストが描かれているでしょう。

図表6-2　実践例

ここで一応通訳を呼んで、理解できているか確認してもらいます。このとき、通訳に自分の指示を繰り返させてはいけません。通訳には、

「今こちらが言った内容をどう理解しているか、2人に言ってもらってみて」

と頼み、相手の言ったことを通訳してもらいます。

「『12月20日までに、契約書の一覧を作る。担当者は自分たち2人』と言っています。いいですか」

となればOKです。ポイントは、あくまでも相手に言わせることです。本人が言えるなら、間違いなくわかっているからです。通訳が指示を中国語で言い直して

「……だからね、わかった？」
「わかりました」

となっても、本当にわかっているとは限りません。

　通じたことが確認できたら、描いたボードを携帯で写真に撮っておくと記録もできます。横に日付も書いておくといいでしょう。そして本人と通訳にメールで送っておきます。締め切りが近づいた12月18日に画面を見せて、「あの

ときにこう言ったよね？」と聞きます。

　「大丈夫、やっています」ならいいですが、「やっていない」と言われることもあります。

「締め切りまでにできるの？」
「できません」
「じゃ、いつまでならできる？」
「1週間ぐらい」

と返ってきたら、「1週間後、再確認、12/18」と書いて写真を撮っておきます。こういうことを常にやり続けると、向こうも慣れていきます。

6-5 直接対話のいいところ

　筆談混じりの直接コミュニケーションは、任期が残り2年以上あれば、ぜひ挑戦してほしい方法です。なぜなら、100%通訳に依存するよりもコミュニケーションが深まるだけではなくて、内容理解の面でもプラスがあるからです。例えば、以下のような利点があります。

・尊重されている感じがする
・距離が近くなる
・仕事の速度が上がる
・致命的な誤解が減る

　まず、経営者や上司から通訳を介さず直接声をかけてもらうと、自分が尊重されている感じがします。歴代の経営者や前任者が直接対話してこなかったのであれば、さらに効果的です。この結果、当然ながらお互いの距離感が縮まります。

　また、通訳を待たずに話ができるため、仕事の速度が上がります。通訳者に依存していると、通訳者が不在の場合、仕事が停滞してしまいますが、日頃から直接対話をしていると、少なくとも社員の方が、「今は通訳がいないからダメだ」

とならず、「ダメ元でいいから上司と話してみよう」という姿勢を見せるようになります。そうなれば仕事は止まりません。

　さらに、意外に思うかもしれませんが、言葉のギャップはあっても、実務がわかっている者同士で直接対話すると、致命的な誤解が減ります。例えば設備の話をしているとき、担当者と製造経験のある駐在員はお互いに設備のことを理解しているので、当事者同士で話の大筋を取り違えることはありません。ところが、通訳者が日本語学科卒で入社2年目の若手社員だとすると、日本語はわかっても設備のことは何も知らないし社会常識もありません。そうすると、通訳が致命的な誤解をすることがあります。仕事がわかっている同士なら絶対に生まれない誤解なのに、通訳を介したために訳がわからなくなるのです。そういうリスクを避けられるというメリットがあります。

　このように、筆談でもいいので直接コミュニケーションすれば、単に「言いたいことが伝わる」だけでなく、親近感・信頼感・業務速度などの面で重要な利点があります。

◈ 任期が3年ならばチャレンジする価値あり

　ここまで説明した「筆談による直接対話」と「ポイントでの通訳利用」という方法には、正確性に難点があります。スタート時は通訳依存の方が便利でしょう。しかし頑張って直接コミュニケーションを続けると、遅くとも2年目には、

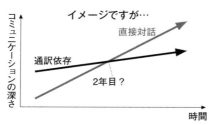

図表6-3　直接対話と通訳依存の比較

部下との関係や自分の言葉の響き方の面で手応えがあるはずです。イメージにすると**図表6-3**のようになります。縦軸はコミュニケーションの深さを、横軸は時間を示しています。

「2年目には手応えがある」と遠慮がちに書きましたが、人によっては半年でも手応えを感じることができます。

私が過去に見た1つの例を紹介します。日本人の総経理を訪問したときの場面です。

日本人総経理：「アレ出た？」
中国人担当者：「现在去拿过来吧」

とお互い母国語だけで通じていたのです。

状況を説明すると、総経理と私が総経理室で話をしていて、総経理が書類をプリントアウトしました。プリンターは隣の事務室にあり、ドアをガチャッと開けたら、たまたま

日本語ができる人は誰もおらず、そこで総経理が「アレ出た？」と日本語で言うと、相手は「現在去拿过来吧」（今取ってきます）と答えて持って来たのです。お互い言葉は何にもわかっていません。でも意図は通じているのです。それで仕事は回るんですよね。

　コミュニケーションにおいて、感情や態度を伝える際に言語そのもので伝わる割合は7%程度だそうです。「この人は自分を大事にしてくれる」「うれしそう」「褒めてくれる」「急ぎだ」「大事なことだ」など、伝えようとしていることの大きな方向性は、言葉以外を通して伝わります。目線、表情、声の高さ、速さ、強さなど、9割以上が視聴覚を通して伝わるのです。特に役職者、経営者として赴任する駐在員は担当者と事細かに業務コミュニケーションをする立場にありませんから、思いや気持ちを受け止めてもらうことの方が重要です。「総経理は自分のことを信頼してくれている」「今上司は重要なことを言いたいんだな」ということが伝わればいい。そういう意味では、筆談＋ピンポイント通訳というコミュニケーション手段で、自分の口調や身振りを交えて直接話をすることは、通訳依存よりはるかに関係が深まります。

第 7 章

慣れてきた駐在員の
落とし穴

駐在員が仕事の「阻害要因」になる

第6章までは、駐在員として現地での仕事を軌道に乗せていく方法を説明しました。親近感を持ってもらい、筆談とはいえ直接コミュニケーションを取れるようになると、一安心と言えるでしょう。

この章では視点を変え、現地に慣れてきた駐在員がやってしまいがちなことを、「駐在員による仕事のボトルネック化（＝阻害要因）」としてまとめます。この話の背景にあるのは、最近の中国駐在員が置かれている状況の変化がありますので、そこから説明します。

◇ 現地の最前線に居続ける理由が薄れる

2010年代に入った頃、10年を超える中国歴を持つ方々の「完全帰国」を見送る機会が増えました。理由はそれぞれですが、未知のフロンティア、好奇心を刺激される混沌の時代が終わったことが根底にあるのかな、という気がします。社会が成熟して落ち着いていくのは、その街で暮らす庶民にとって望ましいことですが、既存秩序に縛られない環境や、国を挙げて豊かになろうという活力にひかれた人にとっては、現地の最前線に居続ける理由が薄らいでいくのかもしれません。

　同様に、中国の日系企業の様子も変化が進んでいます。現役駐在員や駐在経験者と話をしていると、「駐在員の役割もだんだん変化してきたね。設立期は、課題解決に来ているっていう感じだったけど、今は、日本本社の方も本社のために現地で仕事させるっていう感覚が強くなっている。だから、駐在員のレベルアップのために何かしなければって意識は薄くなってきているよね」と言われることが増えました。私も同じ感覚を持っています。

　そして、これについては危機感を抱いています。なぜなら、現在まさに起きつつあるのが、「組織管理における日本人駐在員のボトルネック化」（＝駐在員が仕事の阻害要因になってしまうこと）だからです。などと書くと「また極端なことを」と思われますが、これは私が言いはじめたことではなく、私が敬意を持つ中国の仕事人たちから相談を受けるようになり、具体的な話が重なったため、認識したことです。

　では、本当に駐在員がボトルネックとなるようなことが起きているのでしょうか。具体的な例を挙げてみましょう。

◈駐在員のボトルネック化の実例①ノーチェック承認

　総経理を務めている駐在員から受けた相談です。ある部材を市価の10倍で何年も購入していたことが判明し、調達担当者に責任を取らせたいと相談を受けました。ただ、詳しく話を聞くと、調達担当者は稟議を通し、相見積もりを

取り、形式上は、日本人の総経理が承認したことになっています。稟議書に明白な虚偽や偽造は見つかりません。調達担当者が市価の10倍もの金額に気づかないわけがなく、総経理は相見積もりの相手が怪しいと疑っていますが、昔のことで少なくとも証拠はありません。

しかも書類には、調達部門の部長、工場長、総経理の承認印があります。総経理にそのことを尋ねると、「1つひとつの書類をチェックするなんて無理なので、ポンポーンと押しているだけ」という返答です。気持ちはわからなくはありませんが、これは通りません。この状況だと、担当者だけを懲戒処分にはできません。処罰するなら判を押した総経理や部長も処罰の対象になります。

駐在員がノーチェック承認をしていたことで、高額な部材を何年も購入し続け、会社に損害を与えたのです。これは駐在員の怠慢と言われても仕方がありません。

◈駐在員のボトルネック化の実例②課長なのに重役出勤

大手日系企業の現場監督者から聞いた話です。現場でトラブルが起きて自分たちだけで判断・対処できないとき、上司の課長（中国人）に相談しようとしても不在のことが多く、連絡がつかないこともしばしば。相談や報告ができなくて現場が困っていると言うのです。

　「なぜ課長が社内にいないのか」と聞くと、この会社では日本と同じように課長以上は残業代不支給とし（日本では合法でも、中国では違法）、代わりに出退勤管理をしないことで法的なリスクを下げているとか。だから、課長になると定時出社しなくなり、"重役出勤"が常態化しているとのこと。仕事のしわ寄せは係長クラス（中国人）に来ていて、「課長は自分たちよりずっといい給料をもらっているのに、こんな状態は納得できない」という不満がたまっていました。

　このような事態を招いているのは、課長の上司である総経理や部長（日本人）が部下の出勤状況も業務の実情も把握していないからか、法的な知識の不足によりなすすべがないと思い込んで現状を放置しているからです。いずれにしても、駐在員による管理の問題です。

◈駐在員のボトルネック化の実例③業務リスクに無防備

　現在の中国は環境問題対策に力を入れていますので、昔の感覚でいると痛い目に遭います。

　ある会社では、役所（環境局）の査察を受け、再三にわたって改善の指摘を受けたそうです。その対応を関連部署の管理者に任せていたところ、ある日突然、「罰金100万元および問題設備の即時使用停止を要求された」と社内報告が上がってきて、経営陣が騒然となりました。

これは当局の態度が突然変化したのではなく、担当者が過去の経験から事態を軽視して対応を後回しにしていたことが原因です。当局が「なめた態度を取るなら、こちらも相応の対応をしよう」と態度を硬化させたのが真相のようです。

　日本人駐在員たちは、環境局からの最後通告を受け取るまで事態を把握できていませんでした。たとえ部下が「問題ない」と報告したとしても、業務上のリスクにあまりにも無防備だったと言えるでしょう。駐在員のリスク管理の甘さを反省すべきです。

◈駐在員のボトルネック化の実例④優しさと甘さを混同

　品質部の日本人部長が人事部にやってきて、「部下の女性管理者が休暇日数を使い切ってしまったが、家庭の事情もあるので延長を認めてほしいと言っている。真面目な社員だし何とかならないか」と言ってきました。人事課長は「会社にはルールがあって、個別事情で特例を認めていたら他の社員に不公平です。人事としては承認できません」と特例を認めませんでした。

　すると日本人部長が、「ルール、ルールって、少しぐらい柔軟に認めてもいいだろう。お前ら人事は冷たいな」と人事を批判したそうです。公平な管理のために人事が頑張っているのに、自分の部下だけを特別扱いしろと日本人が後

押しをする。それをやったらどうなるか、全体が見えていないのです。自分の行為が全体にどんな影響を与えるか、まったくわかっていません。

◈**駐在員のボトルネック化の実例・まだまだいろいろ**

他にも、

・問題部下を叱れない
・指導も教育もせず、いきなり人事部門に来て「解雇して」と言い出す
・「優秀な部下だから特例で昇格対象者に入れてくれ」と経営者や人事にねじ込む
・人事評価の面談で部下の反発を受けると説明も指導もできない
・部下から評価結果に異議を唱えられると、結果を調整してしまう
・問題社員たちに取り込まれ、使われてしまう（不正への荷担、不正の見逃しなど）

といった「実例」があります。まだまだ挙げられますが、もう十分でしょう。

共通するのは、「自分の立場・役割をわかっていない、果たせない」ことと「自分の行為が、会社全体にどのように深刻な悪影響を与えるか理解していない」ことです。このま

ま放置すると、組織管理のレベルは目を覆いたくなるほど
落ちていきます。現地社員教育の前に、駐在員の管理力を
正常なレベルまで引き上げる方が急務です。

第 8 章

日本流は捨てよう。
中国ビジネスの常識

8-1 中国ビジネスは「ダカールラリー」

　中国駐在員になれば、「中国ビジネスの常識は日本と違う」ことをまず理解しなければなりません。そこで「中国流」を理解するために、「カーレース」や「南米サッカー」をたとえに説明します。

◇◇ F1ではなくラリー

　日本や欧米でのビジネスをカーレースにたとえるなら「F1レース」です。F1はモータースポーツの最高峰。世界の最先端企業とドライバーが集い、世界最速の領域で火花を散らして戦う舞台です。最先端ゆえに規定も細かく定められていて、エンジン、車型からタイヤに至るまでルールを厳格に適用してレースが行われます。最高速ゆえにサーキットも厳格な事前承認を経なければならず、路面の仕上がりから排水機能、観客席の安全性までチェックされます。

　ビジネスも同じで、欧米や日本では、決められたルールの中でしのぎを削ります。法律政策により市場競争のルールが整備され、厳格に適用されます。職務や業界によって給与の相場感があり、労使間の問題はあるものの、整備された枠組みの中で解決を図ります。契約を締結すれば、履行するのが当たり前ですし、もし不履行が生じれば、公的な

紛争解決機関を通じて、概ねバランスの取れた妥当な解決が図られます。これが通常、日系企業が慣れている世界です。

　ところが中国のビジネスは、カーレースで言えば「ラリー」です。そもそも道なき道を進み、車が壊れたら修理しながら走ることが求められます。有名なダカールラリーは、砂漠の中を何日も走る過酷さが有名で、カーレースというよりも総合格闘技です。ルールはあるものの、レース途中での故障やストップは当たり前。想定もしないようなトラブルに日々見舞われる中、臨機応変に、忍耐強く日々をやり過ごさないと、完走さえできません。

　中国のビジネスは、法律法規はあるものの、当局の実務自体がルールと異なる場合もしばしばです。明文化されていないルールも多々あります。法律同士の矛盾や空白地帯もありますし、紛争解決機関において「人道的見地からの判断」と称して、法律法規を曲げた裁決が行われることさえあります。「こんなのおかしい！」と声を上げたところで、ビジネス上のライバルは知恵と技を駆使し、これらの障害を乗り越えて先に進んでいきます。

　最先端のF1で実績があろうと、同じ意識と準備でダカールラリーを戦うことは不可能です。砂丘に車の頭を突っ込んで「なぜ道路がないんだ？　F1では考えられない！」と叫んでも、相手にする人はいません。

◇◇野球ではなく南米サッカー

　同じような例ですが、「中国ビジネスは、野球やゴルフ、テニスでなく、南米サッカー」とも言えます。野球で違反行為を繰り返すことはあんまり聞かないですね。ゴルフも打数をごまかすとバレたときのダメージが大きいですから、自己申告制でも基本的にズルはしません。テニスもそうです。見苦しいことをするとファンからの批判にさらされますので、相手にラケットを投げつけたりはしません。

　でも南米サッカーでは、審判の見ていないところで後ろから蹴りを入れるようなことは日常茶飯事です。では清く正しくないからダメかというと、南米サッカーのファンは卑怯だから嫌だとは思っていないでしょう。そういう点も賢さの1つであり、スポーツの持っている魅力や特性の1つだと思っています。

　野球の感覚で、「南米サッカーはダーティだから嫌だ」と言っても仕方ないです。日本の企業が「中国企業はやり方が汚い」などと言っても、「だったら中国に来なければいい」と現地の人は思っています。中国に来てビジネスをしたいなら、現地の流儀に適応するしかありません。「自分たちが経験してきた世界とは違うからおかしい」と言ってもしょうがない。ここはここのルールです。隙を突かれたとしても、突かれた方が悪いということです。

8-2 「感謝してくれるかも」という 甘い期待は捨てる

◈F1や野球のルールを振りかざしても意味がない

　中国ビジネスで相手の会社が契約を守らなかったら、日系企業はルールにのっとって相手を裁判に訴えます。それで勝てるかというと、もし向こうにコネがあったら勝てないかもしれません。運よく勝てたとして、相手が罰金を払わないこともあります。そこで裁判所に強制執行を申し立て、財産を差し押さえてくれと訴えます。

　「はじめに」でも書きましたが、統計データはないものの、弁護士の経験と裁判所筋から聞いた話では、中国で裁判所の強制執行による回収率は1割程度だそうです。また、国有企業や政府系機関をクライアントにしている弁護士にとって最大の頭痛の種は費用の回収だそうです。大手弁護士事務所内で業績ランキングが張り出された際、回収率の中央値が50％台で驚いたという話も聞きました。こういうことは、国や裁判所の体面にも関わるため、なかなか実態が見えませんが、実務でも、相手側が資金を口座から引き出して先が追えなくなり（親戚や知人など足の付かない相手に分散して逃がす）、回収はほぼ絶望的といった話は珍しくありません。

繰り返しますが、「欧州なら、日本なら」という話を、ラリーの世界である中国で言ってもしょうがないです。ラリーを戦う以上は、F1のチャンピオンといえども、謙虚にラリーの世界のルールを知り、戦い方を知り、相応の準備をしない限り、完走さえ無理でしょう。

これはビジネスの道徳や常識、モラルの問題ではありません。「そもそもルールが違う」という意識を持ってください。ルールを守る社会では、守らないのはとんでもないことですが、守らないのが当たり前の社会では、何も考えずにルールだからと守っているのは単なるお人好しです。

◈ 主張を通したら「自負」が生まれる
中国では自分の主張が通ったとき、通してくれた相手に感謝することはありません。感謝ではなく「自負」が生まれます。

社員はストライキや労使交渉でいろいろ要求し、時には会社がそれを飲むことがあります。今期は頑張ってくれたし、最近昇給もしてなかったから、少し上積みするか、とやるわけです。このとき、経営者は無意識に期待しています。「ちょっとぐらい感謝してくれるといいな、意気に感じて来期も頑張ってくれるといいな」と。

しかし、中国の社員たちは、こういう局面で経営者が応

じると、「やっぱり要求はしてみるもんだな」と思います。自分たちがタフに交渉して勝ち取ったと認識します。「会社もしんどいのに昇給してくれてありがとう」なんて絶対に思いません。自分たちの勝利だと自負します。経営者が感謝を期待しているときに、社員は「これからも必要なことは声を上げて勝ち取っていこう！」と決意しています。しかも「今度の日本人は物わかりがよさそうだから、あれもグイグイ押したら通るぞ」と、まったく違う理解をします。

8-3 失敗する日系企業にありがちな 「海外進出の必"敗"点」

　ここで、中国ビジネスで失敗しがちなポイントを大きくまとめておきます。中国撤退を余儀なくされたり、中国事業が原因で日本の本体が潰れてしまったりするのは、だいたい原因がはっきりしています。それを「必勝」の逆の意味で「必敗点」という言葉で整理すると、**図表8-1**のようになります。つまり、これと逆のことをやっていけば、絶対大丈夫とは言えないまでも、かなりリスクは減らせると思います。

◈ 必敗点①勝算なき進出

　まずは、進出時にありがちなケースです。「そもそも事業性がない」「採算が取れない」というように、進出前から負けが確定しているパターンです。きちんと事前調査をせずにポジティブな話をうのみにして進出すると、思惑が外れます。

必敗点①	勝算なき進出
必敗点②	先見なき構築
必敗点③	規律なき拡大
必敗点④	代謝なき肥満
必敗点⑤	共感なき削減
必敗点⑥	準備なき撤退

図表8-1　海外進出の必敗点

例えば、「人件費は10ドル前後と聞いて計算し、これなら採算が取れると踏んで進出してみたら、10ドルだったのは10年前の話で、現地ではすでに18ドルに上がっていた」「現地の市場規模を調べて、これなら自社にもチャンスはあるだろうと進出したが、市場の9割以上は自分たちが相手にできない地場系のコスト勝負の世界で、残る1割は過当競争で血みどろのレッドオーシャンだった」「ある事業をやろうとして現地に会社を設立し資本金を振り込んだ後で、外国企業にはその分野の事業は開放されていないとわかった」──。こうなると進出した瞬間に終わります。

「まさか」「あり得ない」と思われるかもしれませんが、投機感覚で進出してしまうケースは実際に結構あります。勧める人の話だけを頼りにし、最低限の下調べをせず、いきなり法人を設立してしまう経営者は少なくありません。少し調べれば「進出すべきではない」とわかるにもかかわらずです。一度現地へ足を運び、日系の銀行や知り合いのツテをたどって進出企業を何社か紹介してもらい、話（特にネガティブな話）を聞き、自分の目で実情を確かめるだけで回避できる失敗です。

◈ 必敗点②先見なき構築

進出の次は「立ち上げ期」です。現地で最初に採用する社員第1号はだいたい通訳を兼ねた「何でも屋」ですが、将来は彼らを幹部、ひいては経営層に引き立てていくことが

多いです。

　しかし残念ながら、立ち上げ期の何でも屋に必要な資質と、マネジャーや現地経営者に必要な資質は一致していません。私は現地の総経理を解雇するお手伝いを何度もしていますが、彼らはほぼ全員、立ち上げ期からの功労者だった人たちです。最初はとにかく忙しいので日々の業務に集中しがちですが、この時期に昇進の仕組みや枠を作らず日本式の年功序列で漫然とスタートしてしまうと、後から非常に厳しい戦いを強いられることになります。見ている方向が同じときは共に頑張れても、いろいろな利得が絡んでくると、本人たちと日本側の思惑が離れていってしまうからです。

◈ 必敗点③規律なき拡大

　2010年ぐらいまでの日系企業がやっていたことです。急成長する市場の流れに乗り、拡販だ量産だと突き進んでいると、人事制度はどうしても後回しになります。多くは急速に売上が伸びていますので、「頑張ったらどんどん待遇を上げるぞ！」と、給与・ボーナス・ポジションを材料に、「ガンバレガンバレ」とやるわけですが、往々にしてやりすぎてしまいます。

　すると成長が止まったところで、今までと同じようには給料を増やせない、あるいは昇進するポジションがもうない

となり、会社と社員に利害の不一致が起きます。社員は待遇が上がって当たり前だと思っているのに、会社としてはもう上げられない。こうなってから引き締めようとしても、「そうですか、わかりました」とはなりません。ストライキが起きたり、部下をごっそり連れてライバル会社を立ち上げられたりします。

　会社の業績が伸びているときに社員へ還元するのはいいことですが、野放図に丼勘定でバラまいて、それを当たり前にしてしまうと、後でブレーキがかけられなくなり、会社ごと倒れてしまいます。

◇◇ 必敗点④代謝なき肥満

　会社組織は規律を守って公正・公平な評価基準で運営していくと、「この会社、合わないな」「ここにいても評価されないな」という人は自ら辞めていき、新陳代謝が回ります。

　ところが日系企業は優しいので、入社させた以上は基本的に残そうとします。「辞めてくれたらいいのにな」と誰もが思っているような問題管理者がいても手を打たず、5年も10年も放置してしまいます。彼らはやる気のある若手を潰したり、裏で会社の足を引っ張ったり、ひどい場合にはストライキを裏でそそのかしたりします。そんな人たちに高い給与を出していると、優秀な若手に相場に見合う処遇ができず、能力の高い者からこの会社での将来に見切りをつけ

たり他社に引き抜かれたりして辞めていってしまうのです。

　こうした状態を続けていると、管理層が肥大して組織図がおかしなことになります。「1つの係に係長が5人もいて、担当者レベルの業務しかしていないのに役職手当はしっかりもらっている」「会社の図体は大きくなっても、残っているのは他に行き場のない社員ばかりで、本来は筋肉や骨となるはずだった社員たちはみんな抜けてしまって、スカスカになっている」――。現在、こういう状態の日系企業は少なくありません。

◈ 必敗点⑤共感なき削減

　経済環境が厳しくなれば、肥満体の組織を引き締めざるを得なくなります。ですが、真面目に働いている社員にきちんと説明しないまま給料・賞与カットやリストラに手をつけると、会社全体が先行きを悲観してしまいます。何も説明しなければ、社員は決して「会社が健全に成長していくために痛みが必要だ」とは思ってくれません。最悪なのは希望退職者の募集です。

　希望退職に応じるのは、今すぐ辞めても他へ行く自信のある人たちです。絶対に希望退職に応じないのは、他社では今と同じ待遇が得られないと自覚している人たちです。そうすると、心ある社員は辞めてしまい、会社が削減対象にしたかった人たちだけが残ります。コストは削減できたか

もしれませんが、士気も能力も一緒に下がってしまいます。共感なき削減によって組織のスリム化ではなく弱体化が起きます。

◇ 必敗点⑥準備なき撤退

こうした失敗を重ね、将来の展望が描けなくなると「そろそろ潮時」と判断して撤退することもあります。私は毎年のように撤退案件をお手伝いしていますが、準備さえしっかりすれば、中国からの撤退は難しくありません（日本のビジネス誌などでは撤退できずに困った、身ぐるみはがされたなんていう体験記が載っていますが、ちゃんと軍師がついていたのか、参謀がヘボだったんじゃないかと思ってしまいます）。

知名度の高い企業で、政府の都合・思惑から、撤退だけは回避してくれと圧力を受けることもなくはないですが、撤退を断念するほどのケースは、ごく例外的です。今まで私たちが手がけた撤退案件は100％、残存資産を日本に送金して終わらせています。丸裸で放り出されたことは一度もありません。

ただし、そのために最低でも1年～半年前から「仕込み」をします。仕込みというのは、社員の間に、「どうも最近、この会社まずいんじゃないか」という空気を形成していくことです。「経営者の顔が暗い」「出張者の泊まるホテルのラ

ンクが落ちている」など、小さなことから徐々に空気を作っていきます。半年ぐらいかけて「そろそろ本当にヤバそうだ」というところまで持っていってから、「もう限界です。今なら補償はちゃんと出すけど、これ以上引っ張るとどうなるかわからない」という話をします。そうすれば、「これっぽっちの補償じゃ納得できない」という騒ぎを抑制できます。

　ところが多くの日系企業は何の準備もなく、または意図的に突然、全体説明会を開いて「撤退します」とやってしまいます。サプライズは怒りやハプニングを生み、「補償は」「未払い残業代は」となって収拾がつかなくなります。騒ぎになれば組合の上位団体や中国当局が介入してきてプレッシャーをかけられ、本来なら法定通りの経済補償金（退職金）で済むのに、倍も出させられる場合もあります。資本金が足りなくなると潰せませんので、清算するために増資する羽目になることもあります。ひどい場合には、日本側の運転資金をハンドキャリーで持っていった揚げ句、日本側が倒産という話もありました。

◇本当の火元は本社かも？

　ここまで挙げたポイントのほとんどは現地法人だけでは解決できないものです。現地だけで火を消させようとせず、本社側で「本当の火元は日本かも？」と意識して気をつけてください。

196

第 **9** 章

中国の組織管理の基礎
「就業規則」「人事制度」

9-1 中国流の組織管理

　前章にて「中国流ビジネス」を認識したところで、本章では、「中国流　組織管理の基礎」を説明します。取り上げるのは、「就業規則」と「人事制度」です。細かく話していくとそれぞれで1冊の本が書けるのですが、ここでは、基礎的なことに絞って説明します。

　中国の組織を管理していくには、「就業規則」と「人事制度」を駐在員自身が把握し、自分のツールとして使う必要があります。これなしに社員の仕事や態度を変えていくのは不可能です。日本だと就業規則や人事制度は人事部門が管轄していて、他の部門ではあまり気にすることはないと思いますが、中国だと、どこの部署であってもこの2つは必要です。就業規則や人事制度を使わないと、自分の部下を管理できません。人事部門に任せておくものではありません。

　自分の部下を指導・教育し、警告や処分を与え、これ以上は置いておけないと判断するのは上司の仕事です。人事部の仕事ではありません。最後、会社としての手続きは人事部門にスイッチするでしょうが、部下管理そのものは上司が行うのが筋です。就業規則や評価表の内容を上司が把

握していないと、適切な指導やフィードバックを与えることができません。就業規則や人事制度は、上司にとって組織管理・部下育成の必須ツールです。

また、第1章で説明したように、中国の状況は変化し、最近の駐在員は新たな難しさを突きつけられています。2007年までは経済優先でしたが、2008年に労働法制が厳しくなりました。労働分野に関しては常に学習を怠らず、就業規則に反映させなくてはいけません。特に雇用・解雇・休暇・残業・処遇については注意が必要です。

◇組織・社員の成長＝考え方×熱意×能力

組織や社員の成長について考える際、私がいつも使う有名な公式があります。稲盛和夫さんのフィロソフィの1つ、「人生方程式」を組織に当てはめたものです。

組織・社員の成長＝考え方×熱意×能力

です。私の理解や言い方になりますが、この公式で重要なのは「掛け算である」ことと「考え方にはマイナスもある」ことです。「熱意」と「能力」は「あるかないか」の要素なので0〜100で表せますが、考え方には正反対もあるため、−100〜100になります。稲盛さんの方程式は、個人に向けたものですので「マイナスの考え方」「プラスの考え方」という表現を採られていますが、組織で言うと「会社の価値観を尊

重できるかできないか」「経営方針や経営者の考え方に基づいて仕事ができるかできないか」という観点になります。仕事姿勢・勤務態度もこの「考え方」に入ります。

この公式から言えることは、考え方が会社と異なる人は、能力や熱意があればあるほど社内により大きなマイナスの影響を及ぼすということです。例えばアドルフ・ヒトラー。著作や演説には大きな熱意があり、ドイツ国民を熱狂させ、大衆を巻き込む能力もありました。しかし、彼の考え方は社会が目指すべき方向とは逆でした。そんな人間が国を引っ張るとどうなるか、第二次世界大戦時のドイツが示しました。もしヒトラーに能力がなかったら、どんな過激な思想を持っていたとしても1テロリストにとどまり、国全体が破滅に向かわなくて済んだでしょう。ところが熱意も能力も備えていて、考え方に問題があったので、掛け算で大きな影響を与えることになったのです。

これは会社でも同じです。経営者の立場だと、優秀だけれど考え方や態度に問題がある社員に対しては、「考え方は追い追い改めてもらうとして、彼の能力は必要だから置いておこう」と考えがちですが、実はこれが組織にとって一番危ない、というのは理解していただけると思います。実際、「いつも社長に反発していた幹部が裏切って独立し、優秀な部下や顧客を奪われて会社が立ち行かなくなった」とか「不正がバレそうになって焦った管理者が、現場社員にデマ

を流して煽動し、大規模ストライキを起こさせた」といった
話は、中国に限らず存在します。

　このため、もし会社と価値観や考え方を合わせられない
幹部や裏番長のような社員が存在したら、彼らの存在を絶
対に許さない、必ず手を打つというのが組織づくり・組織
経営における鉄則になります。考え方や態度を改めればそ
れもよし、改められないなら他の会社に行ってくれ、です。

　第4章4-3の「着任直後に待ち受ける罠」でも書きました
が、業務への影響や本人との紛争を恐れて、このような社
員に手をつけず、他の社員の成長・挑戦意欲を引き出そう
としても、ほぼ確実に失敗します。

　まず、社内影響力が大きく考え方がマイナス（会社・経
営者と異なる）な社員の負の影響力を排除します。そうい
う人が視界からいなくなった前提で、組織と社員たちの成
長や挑戦を支持支援します。この順番は重要です。少数で
も足を引っ張る人がいると、社員たちに本気スイッチが入
らないからです。熱意と能力にはマイナスがないので、優秀
な人はどんどん、そうじゃない人は自分のペースで、全員
に成長してもらう。そのように考えて、全社員が持ち味を
発揮して頑張れる仕組みを作ります。

◈ **考え方＝採用＋就業規則、熱意と能力＝人事制度**

　そのためには、

考え方＝採用＋就業規則（＋人事制度）
熱意と能力＝人事制度

と捉えます。図にするとこうです（**図表9-1**）。

　会社で人材を中途採用する場合、何を判断材料とするで
しょうか。「経験が豊富である」「他社で成果をあげている」
「業界大手にいた」「外国語ができて留学経験がある」「博
士号を持っている」などの基準で採用することがあると思
いますが、試用期間で見るべきは、「本当に経営者の考え
方を尊重してくれるか」「会社の進む方向に沿って自分の
力を発揮しようとしてくれるか」です。

　残念ながら、会社は採用時点ではどんな社員が入ってく
るかをコントロールできません。ですから就業規則は整備も
運用も性悪説で実施します。就業規則がきちんと作ってあ
れば、どんな人が入ってきても、会社は毅然と対応できます。

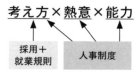

図表9-1　採用＋就業規則と人事制度

緩い就業規則にせず、「やりすぎじゃないか」というぐらい細かく決めておく必要があります。そして、日常勤務の中で、就業規則にのっとってアウトかセーフかを判断します。人事部員だけで全社員を見ることはできないので、判断する人は現場の上司です。就業規則の中身を理解して「それはウチではダメ」と言えるかどうか、これは現場の上司にかかっています。

　人事制度は逆に、性善説にのっとって整備・運用します。優秀な人も成長がゆっくりな人も、環境とチャンスさえ与え続ければ継続して成長する力があることを信じて作るのが人事制度です。ルールを守っているという前提で、みんなが頑張った分だけ報われる環境を作り、「頑張ってどんどん成長してね」と促す仕組みです。

　考え方が会社と異なる人は置いておけませんので、採用選考で見送ったり、試用期で契約解除したり、固定期限契約の終了時に不更新としたりします。これらの雇用契約に関することは採用や就業規則の領域ですが、解雇条件には該当しないけれど、言動や考え方に問題がある、という人は存在します。むしろこういう人の方が多いかもしれません。こういう人たちにプレッシャーをかけ、組織への影響力を抑制していくため、人事制度も使います。考え方の問題は、組織にとって致命的に重要なので、何重にも対策を用意して「ダメなものはダメ」が徹底できるようにします。

9-2 中国では「平等」は受け入れられない

　就業規則と人事制度を整備する際に注意すべきは「公平」です。パイが拡大しない時代においては、人事制度で「公平」な処遇をしていかないと、会社の稼ぎはどんどん落ちていきます。「平等」と「公平」はあまり区別されませんが、これからの管理では明確に分けておかないといけません。

◈ 平等と公平の違い

　日本流の管理はいい面もありますが、「個よりチーム」重視であり、年によって大きく上下しない保障型の待遇は、見方を変えると平等主義で「非公平」です（「不公平」と表現すると意味がずれてきますので、ここでは「公平ではない」という意味で「非公平」と表現します）。「プロセス重視」はちゃんと機能すれば素晴らしいですが、やり方によっては結果を強く問われないぬるま湯になってしまいます。頑張っても頑張らなくても結果的に処遇があまり変わらない。あるいは、韓国系や中国の一部企業みたいに、パフォーマンス下位5％は無条件で解雇というようなことは日系企業ではほとんど行われず、基本的には人を残す文化です。よほどのことをしなければ来年の給与が今年を下回ることはない。これも平等主義・非公平です。

　では、平等と公平の違いは何でしょう。法の下の平等、
男女平等と言うように、為政者は平等を重視します。条件
に関わらず同じように遇するということですね。女性だろ
うが男性だろうが、高齢者だろうが若者だろうが、金持ち
だろうが貧乏だろうが、国としては差別しない。会社でも、
年功序列型、金一封、賞与2.5カ月分などのように、条件に
関わらず、みんなが得られるものがだいたい同じというの
が平等主義です。

　日本は平等主義の最たる国だと思います。というのも、
日本では毎期の評価を本人にフィードバックしない会社が
結構あります。入金された賞与額や翌年の昇給額を見て、
「あ、今期は平均より評価が高かったのかな」と何となく察
する、という会社が意外と多い。「一生懸命コツコツやって
いれば、いずれ誰かがそれを認めてくれる」「年数を経れば
順繰りに、それなりの評価をされて、それなりの待遇を受
けられる」——と信じています。お互いに信じ合っていない
と成立しない世界です。ですから日本企業では、社員がボー
ナスの額や処遇に納得できないとか基準が不透明とか、上
司に訴えることはほぼありません。

　一方で、「公平」がどんなときに使われるかというと、例
えば入札です。一部の業者しか入れない場合は不正入札と
なり、アンフェアです。スポーツもわかりやすいです。一方
のチームにだけ審判が厳しく、こちらはファウルで一発レッ

ドになるが、同じに見えるファウルでも相手チームには警告しか出ないとなると、公平ではありません。会社でいうと、チャンスがある人とない人がいたり、評価の基準がある人には緩く、ある人には厳しかったりすると、これはアンフェアです。

　公平であるためには、機会は一律でなければなりません。手を挙げた人は全員が挑戦できて、同じ基準で評価され、その結果、チャンスを生かして結果を出した人と、そうでない人は、処遇においてそれなりの差がつく。それが公平です。

　ただし、スポーツと違ってビジネスの場合は、全員にわざわざ差をつけないといけないわけではありません。会社の仕組みに照らした結果、今回はみんなが甲乙つけがたく頑張りましたというなら、全員にA評価をつけてもビジネスの世界ではアリです。逆に、ちゃんと適用した結果、優勝者なし、みんなBというケースもあるかもしれません。

◈ **中国は「優秀なリーダーが引き上げる」形になる**

　第2章でも解説しましたが、日本人と中国人では望ましいと思う環境が違います。日本人は「共同体における平等」「誰も損をせず、悪いようにされない環境」を好みます。一方の中国人は、個人として評価される環境がいいと思っています。つまり、「平等」は受け入れられません。中国人の

マネジメントを日本流でしようとするのは無理があります。
マネジメントレベルの高低や良し悪しの話ではなく、相性の
問題です。中国人にフィットするやり方を考えず、無理や
り日本流を押し通してもダメです。そもそも共感する素地
がありませんので、ある意味、傲慢です。

　日本の組織力の源は「ミドルが力を発揮する」ことです。
経済誌でもよく出てきます。「ボトムアップ」も好まれます。
日本の組織では若手や現場社員が自発的に頑張るので、「神
輿は軽ければ軽いほどいい」と言われ、上に立つ人が余計
なことを言ったりあれこれ邪魔したりせず、ミドルの力を
存分に発揮できるようにします。

　これは、中国ではフィットしないと断言します。中国で
組織の力を高めるときは、必ず、優秀なリーダーが引き上
げていく形になります。力点は上にあります。下から押し
上げるのでなく、上から引っ張っていかないと動きません。
だから中国の経営者たちは、どうすれば優れたリーダーが
自社で力を発揮してくれるかをいつも真剣に考えています。
動力車に当たる人たちを押さえておかないと、客車をどう
揺さぶっても動かないのです。これはどちらがいいという話
ではなく、日本流と中国流は別物であるということにすぎ
ません。

　これからの中国では、「優秀な人でも会社に合わなくて

去っていくのは仕方ない、去る者は追わずだ」ときれいごとを言っていると、誰も組織を引っ張ってくれる人がいなくなります（もちろん、この話には、考え方が異なり会社に悪影響を及ぼす人は含みません）。もしエース候補と思う人材がいれば、その人がどうやったら自社で仕事をし続けてくれるか、普段から全力で施策を打たなくてはいけません。「辞めます」と言われてから引き止めても遅いです。それまでの過程で会社を見切っているので、給料を倍にしたって、いずれまた辞めると言い出します。「辞めると言うんだからしょうがないじゃないか」というのは日本の理屈です。意欲と能力がある人材に自社がベストと思ってもらえるようなやりがい、魅力、合理性を示さないと、組織のレベルは上がりません。

9-3　平等な制度と公平な制度

　平等と公平は似たような言葉ですが、どちらを志向するかによって、作らなければいけない仕組みがまったく違ってきます。

　平等志向の制度は、機会や基準を透明にしなくても、結果的に「みんなと同じぐらいもらっているからいいや」で済みます。しかし公平志向の制度が成立するためには、機会や基準が同じであると全員に見せる必要があります。どうして処遇に差が出るのかわからないと、実際に機会も基準も公平にしていたとしても、「公平感」がありません。「よくわからんけど、上がこうした」となってしまいます（**図表9-2**）。

　だから公平志向にするには、仕組みをちゃんと作らないとダメです。平等志向の場合は仕組みがきちんとしていな

	機会	基準	処遇
平等	×	×	一律
公平	一律	一律	区別

要透明！

図表9-2　平等と公平

くても、処遇に差がついていなければ受け入れられますが、公平志向の場合は仕組みの透明化が必須です。これができていない会社が多いです。人事制度をそもそも社員に見せていないというところさえあります。

◈ 「みんなと一緒」は居心地がよくない

　では、なぜ中国で「平等」はダメなのでしょう。**図表9-3**を見てください。右が日本、左が中国を表したものです。上下は社会や組織における位置づけを表しています。

　中国で「みんなと一緒」と言ったときの「みんな」は、中国語で「老百姓」といいます。民草ということです。中国で「老百姓」はどこに位置付けられるかというと、一番下です。為政者から搾取される人たちです。ですから「老百姓」たちは、自分だけが認められて上に行きたいという気持ちを強く持っています。

　一方、日本で「人並みが一番」と言ったときの「人並み」はどこかというと、真ん中です。みんなと一緒であること

図表9-3　中国と日本の「みんな」の違い

に日本人は肯定的です。同期で飲み会をするときに1人だけ昇進がむちゃくちゃ早い人がいると収まりが悪くなります。本人も「いやいや、たまたま常務との関係がいいからだよ。お前が同じ部署なら、お前の方が早かったよ」というフォローをします。上の層に属する人も「みんなと同じだよ」と言いたいんですね。

　日本にも貧困家庭はありますが、学校に通うのが厳しいような経済状態の家庭の子がクラスにいても、パッと見では区別がつかない場合がほとんどだそうです。なぜなら持ち物も身だしなみも、みんなと同じようにしている。下の方に属していても、みっともないことはしたくないという気持ちが働きます。「みんなと一緒」というのはコンフォートゾーンで安心できるのです。

　逆に中国の場合、「みんなと一緒」は居心地がよくないと感じています。ここの捉え方が根本的に違うので、「みんな一緒」を志向する「平等」主義ではなく、自分だけは正当に報われたいという「公平」主義で仕組みや環境を作っていく必要があります。

◇平等主義の末路
　日本以外の国で「平等」を続けていくと、どんなことが起こるのか。簡単なケースで説明します（**図表9-4**）。

	1年目	2年目	3年目
Aさん	100	95	90
Bさん	90	85	80
Cさん	80	75	70
合計	270	255	240
分配	90	85	80

図表9-4　平等の末路

　Aさん、Bさん、Cさんという社員がいます。ある年、Aさんは100の成果をあげました。Bさんは90、Cさんは80で、全社業績は270だったとします。平等に分配すると、1人90の還元です。社会主義の理想ですね。

　さて、Aさんはどう思うでしょう。「私は恵まれていたから100の成果をあげられた。みんなのために貢献できてうれしい」……とは普通、思いません。「80のCとオレが一緒なの？」と不満を抱きます。「一生懸命頑張ったのにアホみたい。来期はちょっとセーブしよう。90もらったから、95で十分だろう」と考えます。

　次にBさんです。この人は90の成果で90もらったからいいかというと、やっぱり下を見ます。「Cは80なのにオレと同じか。じゃ来期はここまでやらなくてもいいよな」と思います。

　最後に、80の成果なのに90もらえたCさんは、ありがたいと思って奮起する……ことも普通ありません。「この程度の仕事でこれくらいもらえるなら、もう少しサボってもいいか」と考えたりします。そうすると次期の業績は

「Aさん95」＋「Bさん85」＋「Cさん75」＝全社業績255

となり、前年より下がります。

　これを繰り返していくと、会社全体のパフォーマンスがどんどん落ちていきます。さらに怖いことに、落ちるペースは一定ではありません。

　中国の組織では、まずAさんが辞めます。ライバル社に行けば正当に認められるかもしれないからです。Cさんは転職したら90ももらえないと知っていますので、絶対に辞めません。3人が全員残ったとしてもパフォーマンスは低下していくのに、現実の組織では、Aさんが抜けてBさんとCさんだらけになってきます。これでは会社は持ちません。

　こうならないように、公平な制度にする必要があるのです。そのためには就業規則で「ダメなものはダメ」と言い、上司が人事制度を理解し運用していかないと崩壊に向かいます。

繰り返しになりますが、中国では就業規則と人事制度は人事部の仕事ではありません。各部署の上司がこの2つのツールをうまく使って、「いい評価を得たいならこういう努力をしなさい」「今のままだとルール違反だから、改めるか出ていくか選びなさい」と部下に言っていかないと、自分の組織がCさんだらけになってしまいます。そういう組織を運用するのは大変です。Aさんばかりなら余計なことを言わなくても頑張ってくれるのに、Cさんだらけになったら組織は動かないです。そして結局は、上司が結果責任を取らねばならなくなります。

9-4 労務管理の前提条件「就業規則」

◈主役は人事部ではなく直接の上司

　ここまでで、公平な待遇や正当な評価がなくてもモチベーションを保ち、チームとして仕事に集中できる人たちが働いている日本が特殊だということはわかってもらえたと思います。世界基準から見てイレギュラーなのは日本で、タイやフィリピン、インドネシアなども中国と同じ感覚です。日本でも上司が部下を評価したり日常勤務を管理したりしていますが、求められる管理レベル、就業規則や人事制度の理解レベルが根本的に違います。

　おそらく多くの日本人は、自社の「就業規則」を開いたことがないのではないでしょうか。しかし中国に来たらそれではダメです。ルールを覚えなければルール違反のダメ出しができません。上司は、規律や懲戒・勤怠に関することをしっかりと理解する必要があります。ダメな行為を目にしたときに「ダメ」と言える状態でなければいけません。

　評価基準を把握していないと、部下から「なぜ私がBなんですか、Aでしょう」と言われたときに困ります。なぜBなのか、来期どう頑張ったらAになるのか、明確にフィードバックできないと部下は納得しません。逆も同じです。根

215

拠なくBをAに上げても、感謝してくれることはありません。「もっとゴネたらあれも通るかも」と思うだけであって、この上司の下で頑張ろうとは思わないです。

◇ 真面目な社員がバカを見ないこと

　長年経営者をしているので、私自身も自覚がありますが、「問題社員」についつい意識が集中してしまいます。幹部が集まって社員の評価を決める議論をしていても、いつの間にか「問題社員」に話が集中してしまうことがあります。

　でも、労務管理において、本当に意識を向け、優先しなければならないのは、「日々文句も言わず、真面目に仕事してくれている社員たち」です。彼らこそが会社の日常を支えています。ですから、労務管理の鍵を握る「就業規則」の制定・改定や運用の要点は、問題社員の問題行動ではなく、「真面目な社員がバカを見ないこと」に置くべきです。

　私が個別相談を受けたり、登壇してお話ししたりする際は、次のように説明します。

「就業規則は性悪説で作ります。ルールを明確にし、『やってはいけない』言動をすべて書きます。就業規則の罰則条項には懲戒の対象となる行為を20〜30ほど定義している会社が多いですが、私たちが手を入れると100とか150とかになります」。

　すると、「あんまり厳罰主義でやるのは、ちょっとウチの社風に合わないです。社内が監視社会みたいになってギスギスするのでは……」と心配する経営者がいます。そこで、

「では、皆さんが社員の日常勤務で気になったり、問題視したりしている言動をすべて罰則規定に明記するとします。真面目に、普通に勤務している社員を思い浮かべて、彼らはこの罰則規定で処分されますか」。

と聞きます。すると経営者は、はっとした顔をします。そう、罰則規定に業務ノルマや能力要求は入っていません。中国の小学校や中学校でもダメと教えられたことばかりのはず。これは厳罰化ではなく、もともとやってはいけないことを明文化しただけなのです。当然、真面目な社員たちは、今まで通り勤務していても懲戒処分を受けることなどありません。もし、経営者が仕事ぶりを認めている社員たちまで懲戒に問われそうな内容があれば、それはルールの方が合理的でないかもしれません。

　「あまりギチギチに書くのは厳罰主義のようで気が引ける」と言って、内容を緩めたり運用を弱めたりして得をするのは誰でしょうか。そう、問題社員です。逆に、損をするのは誰でしょうか。真面目な社員と会社です。真面目な社員たちを中心に考えれば、厳格な就業規則を導入しても、彼らは何も困りません。むしろ、問題行為がダメ出しされ

るようになり、問題社員が大手を振って社内を闊歩しなくなることで、真面目な社員は仕事しやすくなります。

　問題社員に矛先を向けるのではなく、真面目な社員がバカを見ないように守ると考えてください。例えばズル休み。ズル休みを放置していると、真面目な社員は「自分たちが稼いだ分を彼らがのうのうと使っている」と捉えます。それを会社が許していると、いずれ不満の対象は会社・経営者に向きます。「なぜ会社はこんなズルや不正を放置するのか」という空気になります。経営者がズルや不正に気づいていないのであれば「無能」だと思われますし、気づいていて何もしないのであれば「腰抜け（手が出せない）」か「不公平」だと思われます。いずれにしても、真面目な社員の失望や怒りや士気低下は避けなくてはなりません。

◈「一罰百戒」が必要
　それから、中国では「一罰百戒」が必要です。国土が広く、さまざまな人が住んでいますので、ルール順守を徹底させようとすると、残念ながら教育や警告だけでは不可能です。孫氏の兵法で有名な孫武（紀元前500年ぐらい）の時代から、組織を本気で締める際、一罰百戒が使われてきました。

　一罰百戒とは、「自分があんな目に遭うのは絶対にゴメンだ」というような厳罰を、時々象徴的な一部の人間に与え

ることで、他の大多数に警告・啓蒙効果を与えるやり方です。この一罰は、演出含みでも本当に厳しくやっておかないと、百戒＝教育効果が生まれません。本当は罰を与えなくてもきちんとやってくれるのが一番ですが、問題が蔓延してきたときには、どこかで的を絞ってバサッと厳罰を下してみせないと組織全体が引き締まりません。一罰百戒の重点は、一罰ではなく百戒にあります。大多数の人間と社内戦争したり、大量処分したりしなくて済むようにするためにも、時に効果的な一罰を発動させる必要があるということです。

　時々、「やっぱり中国ではルーズさや不正は必要悪だよ。あんまりガチガチにやるとうまくいかない」と言う人がいますが、私は違うと思います。管理を厳しくする・しないではなく、真面目な社員に「ちゃんとやっている自分がバカみたい」と思わせないことです。みんながささやかにルーズなところは目をつぶってもいいですが、心ある社員たちに負の感情を抱かせたままでいると、いずれ高い代償を払うことになりますし、ダメ出しできない駐在員も資質を問われます。そういう目で就業規則を見るべきです。

9-5 就業規則で チェックすべきポイント

　まずは、自社の就業規則をチェックしてみてください。基本的なチェックポイントは、

・採用・試用期間
・労働契約解除・終了
・出退勤・勤務時間管理
・休暇・欠勤のルールと運用
・懲戒ルールと懲戒対象行為
・法定を超える福利待遇

あたりです。特に重要なのは懲戒規定です。エリアによって厳しさは異なりますが、労働仲裁や裁判では労働者保護の観点から、「およびそれに類する行為」「状況が重大な場合」といった曖昧な規定を根拠とした懲戒処分、特に解雇を認めない傾向が強まっています。

　ですから、できるだけ具体的に、想定できるものはすべて書きます。数が重要なわけではないですが、ありがちな問題行為・慎んでほしい言動を列記していくと、最低でも100項目は超えます。例えば、

・みだりに痰や唾を吐いた場合
・トイレ以外で大小便した場合
・社内で暴力行為に及んだ場合

といった内容です。「いやぁ、普通はやらないでしょ、そこまで書くの？」と思われるかもしれませんが、書いておかないと懲戒処分できない（法廷で争って認められない）リスクが高いです。書いておいて使う機会がないのと、書かずにおいて実際に問題行為のあった社員に正式な警告やペナルティが科せないこと、どちらがよいかは言うまでもありません。

　ちなみに、具体的な対象行為を3つ挙げましたが、実はこれでも穴があります。どれかわかりますか。実際に労働仲裁でその穴を指摘され、会社が敗訴してしまいました。

　答えは「社内で暴力行為に及んだ場合」です。もう10年以上前の実例ですが、ある会社で社員旅行中に暴力事件が起きてしまい、総経理やかばおうとした女性社員までケガをしました。悪質なケースです。会社は当事者たちを懲戒解雇しましたが、労働仲裁は「就業規則には社内と書いてあるが、旅行先は社内とは言えない」ことを理由の1つとして、解雇不当と判断しました。上訴審を使って会社が不利にならない形で案件を終結させましたが、相談を受けていた私にとっても衝撃的で象徴的な案件でした。その後、就業規則のチェックを行う場合は、「社内、勤務中または会

社の活動において暴力行為に及んだ場合」などと書くようになりました。

　可能性の話で言えば、「トイレだけど便器外で故意に大小便した」「二日酔いで出社し、トイレ外で吐き散らした」といったこともあり得ます。懲戒対象行為については、過去に遭遇しなかったこと、仲裁員・裁判員の想定外の判断などが毎年のように出てきますので、直面した現実からその都度、学習し、アップデートしていく必要があります。

　規律違反や不正が起きやすいのが、出退勤・勤務時間・休暇・欠勤などです。採用に失敗した、もう会社には置いておけないというときに重要なのが、採用・試用期間・労働契約の解除と終了に関わる規定です。本来保証する必要のないことまで規定し、それが会社の過度な負担や「非公平」を生んでいないか。こういったところがポイントです。

　まとめると、ルールとして徹底したいことが明文化され、必要時には懲戒処分を発動できるようになっているか。保証できないこと、保証する必要のないことが記載されていないか。こういった観点から自社の就業規則をチェックしてみてください。

◈就業規則は作りっぱなしではダメ
　就業規則は、必ず見直すようにしましょう。作りっぱな

しだと、適用したいときに適用できない（労働仲裁などで争った際に会社不当と判断されてしまう）リスクがあります。見直しの頻度は、2年に1度をお勧めします。1年に1度とすると実務側の負担が大きく、3年以上経つと、法律・政策・仲裁員や裁判官の実務における解釈などに大きな変化が生じている可能性が高いです。何より、問題行為は日々新たな手口や状況が発生します。イタチごっこではありますが、2年に1度くらいは新たに見つけた抜け穴を塞いでおきましょう。

　自社の就業規則を読んで少しでも気になることがあったり、最後の改定が5年以上前だったら、労務に強い弁護士などプロに見てもらった方がいいです。私は10年以上、就業規則の作成と改訂を手がけていますが、いまだに新たな疑問や要調整点が見つかります。きっと、「もうこれで完璧」ということはないでしょう。10年前には考えられなかった知能犯が出てきます。イケイケドンドンだった時代と現在とでは法律や司法実務の力点が相当変わってきています。実際、労務問題で裁判沙汰になり、本来正当な解雇と認められて当然の案件が、就業規則の内容が古かったため主張を認められず負けた、という日本企業は少なくありません。内容をアップデートしなければ、今後さらに増えていくでしょう。

9-6 労務の専門家ではない 駐在員が注意すべき点

　就業規則の内容には問題ないと判断して懲戒処分を下したものの、規則の運用に問題があり、解雇した社員が労働仲裁や上訴審に勝って職場復帰することがあります。就業規則は中身だけでなく運用方法まで含めて、国情をよく理解して活用しなければなりません。

　就業規則の内容に関するポイントは前述しましたので、ここでは、労務の専門家ではない駐在員や日本側支援者のために、内容以外の基礎的なポイントを紹介します。

◇ポイント①解雇まで3ステップを踏む

　第1に、経営者や部門責任者である駐在員自身が、就業規則に基づく懲戒処分の手順とそれを踏み外した場合のリスクを理解しておくことです。特に懲戒解雇は、会社による一方的な契約解除であり、本人への経済補償なども不要なため、当局や司法機関はかなり厳しく解雇の適法性・妥当性をチェックします。本人に大きな問題行為があり、就業規則の内容に隙がなくても、手順の瑕疵を突いて解雇無効とされるケースが、実はたくさんあります。

　手順でまず重要となるのは、解雇の前に改める機会を与

えたかどうかです。警察に通報するような明白かつ重大な行為があれば一発解雇も選択肢ですが、でなければ通常は3ステップを経て解雇します。

最初の問題行為はイエローカード＝教育指導です。初めての場合、ルールを十分理解していなかった、ルール順守の重要性を認識していなかったということもあり得るため、書面警告などの処分で教育指導を行います。

次に問題行為があれば、書面警告やもう一段重い降格処分などのイエローカードを出し、「これが最終警告であり、次に就業規則違反行為があれば、『状況が重大、または改善を指示してもなお改めない場合』に該当すると見なす」と伝えます。さらに違反行為があればイエローの累積でレッドカード＝解雇を行います。

この場合、1つひとつの行為が一発解雇というほど大きなものでなくても、違反行為が回を重ねていれば、かなり手堅く解雇できます。当然、後から労働仲裁や裁判で争ったときに示せる3ステップを踏んだ記録は必要です。

よくあるのは、社員が問題を起こしたから解雇したいと相談に来られ、よく聞くと本人の問題行為は初めてじゃないというケース。「今回ほどひどくはないけれど、過去にもこんなことやあんなことがあった。今回またこんなことを

やって、もう堪忍袋の緒が切れた」と説明されるのですが、過去の問題時には何もせずスルーしてしまっているのです（イエローカードを出していないか、出した記録がない）。

　過去の行為に対して教育指導もしていないのに、今回いきなり一発レッドを出すと、仲裁員や裁判官は「過去は不問にしてきた行為を、重大な問題行為だからといって、いきなりクビにするのは一貫性を欠く。会社は最初からこの社員をクビにするという結論ありきで、理由あわせに今回の材料を使っただけではないか」と見なします。敗訴リスクの高さを考えると即解雇は無理で、「今回は1回目のイエローカードにしましょう」という話になってしまいます。過去に適切な対応をしていれば、今回で手堅く解雇できたのにです。

◈ポイント②懲戒処分申請は部門の責任

　第2に、懲戒処分に至るまでの規律管理・日常教育指導の責任は各部門にあると認識することです。日常のルールを教え、指導教育し、それでも改めない場合、社内ルールに基づいて懲戒処分を下すべきかどうか報告/申請するのは各部門の責任です。通常は、各部門→人事→経営→最終判断というプロセスを経ます。

　中国人の人事管理者から「ウチの製造部長（日本人）は問題行動を繰り返す現場作業者がいると、いきなり人事に『あ

の作業者もういらんから辞めさせて』と言ってくる。部署の管理者に話を聞くと、それまでの問題行動に対して注意や指導はほとんどなし。無責任にもほどがある」といった相談を受けることがありますが、本当にその通り。こういう駐在員管理者は、自分の責任を理解できていません。

◇ **ポイント③懲戒処分と特例は会社の判断**

　第3に、懲戒処分や特例の判断は各部門ではなく会社として行うということです。法的な話で言えば、労働契約は本人と会社が締結するものであり、部門部署に社員の地位を左右するような判断権や決定権はありません。また、就業規則も会社の規定であり、解釈権は各部署ではなく会社に帰属するはずです（厳密に言うと、会社と労働組合ですが本書では割愛します）。各部署の責任はポイント②で説明した通り、「懲戒相当」という報告や申請を会社に提起することまでで、その先は、会社・経営者の判断に基づき対応します。これを部長が勝手に「お前はクビだ！」などとやってしまうのはマズいです。

　社員に特別な事情や状況があり、就業規則のルール適用で特例を検討するような場合も同じです。第7章「駐在員のボトルネック化の実例④優しさと甘さを混同」でも挙げましたが、上司が勝手に部下の特別申請を認めて、後から人事にねじ込むのは、キツい言い方をすれば「組織破壊行為」です。相談を受けたら、まず人事部や経営層と相談して、そ

れを行っても会社として公平性を保てるか、今後同じような
なケースがあっても同様の対応を取れるかを確認します。

　特例承認は絶対に何が何でもアウトというわけではありません。実際にあったケースでは、人望のある社員が難病にかかり、法定の病気休暇を使い切って他の休暇日数も残りゼロになってしまったことがありました。法律上は職場復帰するか復帰不能で労働契約を解除するかしかありません。でもこの人は周囲の面倒見がよく、みんなから慕われていたため、社員が労働組合を通して嘆願書を提出し、「経済的に厳しいみたいだから会社で募金活動をしてもいいだろうか」「自分たちの有給休暇をあの人に譲りたい」と訴えてきたそうです。こういう動きが出ているのに、社内世論を無視して「ルールだから」とバサッと切り捨ててしまうと、社員たちの失望や士気低下を招きます。

　前にも書いた通り、就業規則で一番大切なことは「真面目な社員たちがバカを見ないこと」であり、彼らの士気を下げるような負の要素を摘み取ることです。このようなケースで頑なにルールを貫くことは、この大目的に反します。「適切な判断ができない会社」「冷酷無情な経営者」というレッテルを貼られてしまうことにもなります。

　どう対応するのが正解なのか、個々のケースの背景や状況が千差万別なため判断は難しいですが、「頑張っている

社員たちの世論」「特例を認める合理的な理由が作れるか」
「他のケース・類似のケースとバランスが取れるか」あたりを
判断基準にすれば、大きな問題は生じないと思います。人
事や社外の相談先に確認し、社内への影響とリスクを理解
した上で実施しましょう。

◇ポイント④就業規則の運用は勉強会で学習

　最後に、就業規則の内容や運用については、社内勉強会
を開いて、駐在員自身が学びつつ、他の管理監督者にも復
習機会を提供することを推奨します。問題や不正が起きや
すい領域、管理者が犯しがちな問題、勘違いしやすい運用、
そしてできれば日本との労務管理の違いなど、労務の要点
を押さえます。講師は外部から呼んでも、内部の社員でも
かまいません。「理解したけれど社員に説明するのは難しい」
というときは、弁護士の活用もお勧めです。弁護士を呼ん
で社内向けの解説をしてもらいます。弁護士が来ると社員
もプロの話だと思いますし、「ウチの会社は法曹関係にツテ
があるから変なことをすると危ないよ」という牽制球にも
なって効果的です。

9-7 「人事制度」には公平性と長期的視野を

◈ **基本は就業規則と同じ、真面目な社員がバカを見ないこと**

次に「人事制度」の説明に移ります。これも原則は同じ
で、最低ラインは真面目な社員がバカを見ないことです。「頑
張ったら頑張っただけウチの会社は正当に認めてくれる」と
いう印象を持ってもらうことです。

人事制度で焦点を当てるべきはパフォーマンスが悪い社
員ではなくて、会社が新しいことに挑戦するときに、手を
挙げて一緒にやりたいと言ってくれる人、会社と一緒になっ
て成長してくれる人、チームや会社全体に対して貢献して
くれる人です。

中国の組織をたとえるならば貨物列車です。新幹線は全
車両にモーターがついていますが、貨物列車は先頭の機関
車にしか動力源がありません。機関車がずーっと続く他の
車両を引っ張ります。同じように、中国的な組織では圧倒
的に優秀な社員が突き抜けて頑張り、彼らが引っ張ってい
きます。中国の組織のパフォーマンスは上で決まります。こ
の場合の「上」はポジションの上下ではなく、先ほどの「挑戦・
成長・貢献」により会社を率いる優秀な人材かどうかです。
そう考えると、「会社の将来を担う人材が正当に報われる環

境」「挑戦・成長・貢献を支持し促進する環境」「正々堂々
とやるべき仕事をして、問題社員たちから冷笑されたり非
難されたりしない環境」——を作るのが人事制度のあるべき
姿です。

◇ 人事制度の要点①人事制度は専門家の精緻な作品ではない

　日本や欧米で人事制度というと、人事部門や人事コンサ
ルタントの領域であり、中国に来た駐在員で過去に人事制
度づくりを手がけたことがあるという方は非常に少数だと
思います。運用の中心にいたという方も少ないでしょう。
正直、複雑そうだし、よくわからんというのが大多数の駐
在員の本音。かく言う私も、日本で経営コンサルタントの
仕事をしていたときは、「小難しそうだし、仕組みをこね回
している感じだし、どこが面白いのかまったくわからん」と、
敬遠していました。

　中国に来て、最初に人事制度と向き合ったのは、自社の
経営で必要だったからです。「自社の社員を評価しなければ
ならない」「給与を決め、昇給させなきゃいけない」「当初
は過少資本に過少売上だったので、大盤振る舞いは不可能
な中、知恵を絞って社員たちが納得感を持ち、意欲的に仕
事してくれるような仕掛けにしなければならない」——。そ
うした課題に向き合うようになり、手当たり次第に人事制
度の本を読みました。インターネットで有用と思われる情
報を集めました。幸いなことに中国現地では、典型的な日

本の制度、米国コンサルが設計した制度、台湾系大手の制度など、多種多様な実際の制度に触れる機会がたくさんありました。

　そうやって情報や知識を仕入れ、自社の制度をどうしようかと試行錯誤しているうち、「人事制度は経営者のツールにすぎない」というシンプルな本質に行き当たりました。難しい理論や精緻な仕組みを構築しても、経営者の腑に落ちなければ使えない。経営者の価値観や求める人材像を具現化できる制度でなければ価値がない。むしろ、活用のしやすさ、社員の理解しやすさ、制度の継続的改善ということを考えれば、できるかぎり単純な制度の方がいいと思うに至りました。

　ここから、私は人事制度の「型」というものを重視しなくなりました。経営者に実現したいビジョンや思いがあり、育てたい人材や組織の姿があれば、それを実現するためのツールが人事制度です。他人や専門家がどう批評しようと、経営者が納得感をもって活用し、それにより社員と組織が成長して業績にも反映されるのなら、それはよい制度です。焦点を「制度」ではなく、「経営者の思い」と「社員・組織の成長」に合わせてみて初めて、私は人事制度の意義・価値をはっきりと感じました。実際、そうした考えで作成した制度によってチームの成長が加速することを、自社にて痛感しました。

　私は、人事制度のプロではなく、経営者の目線で人事制度づくりや活用をお手伝いしています。両方の立場を知る者としてはっきり言えることは、「経営者に理解できない制度、小難しい制度、腑に落ちない制度など不要である。人事制度は人事屋の作品ではない、経営ツールである」です。

　なお、私は人事制度の考え方、向き合い方において、人事コンサルタントの松本順市さんの著作の影響を最も強く受けていると思います。関心のある方は、ぜひ『成果主義人事制度をつくる』（鳥影社）を読んでみてください。

◈ 人事制度の要点②248/250

　人事制度の核心は評価制度です。経営者の立場ではまず給与のことが頭を占めますが、制度で一番重要なのは評価制度です。なぜなら、「公平な環境・公平な処遇」を実現しようとすると、それは「公平な評価制度」と「評価と連動した処遇・昇降格・登用制度」によってしか果たせないからです。処遇制度や抜擢制度を整えても、評価結果が不公平だったら、評価と連動した処遇や抜擢も不公平なものになります。

　評価の目的は「社員に求める人材像と役割を示し、それに向かって社員の成長を促すこと」です。この目的を前提とした場合、中国の日系企業および日本の企業のほとんどは、残念ながら評価制度の本質（＝1丁目1番地）を見失っているのではないかと懸念しています。

私の知る限り、欧米系企業や台湾系企業も同様です。評価制度を整備し、運用している企業は多々ありますが、運用の力点を見れば、本質を突いているか外しているかがわかります。

　では、運用の力点とは何か。それを表したのが（中国の場合ですが）

$$\frac{248}{250}$$

です。これが何を意味するのか考えてみましょう。

　250とは、「365－52×2－11」。1年365日から土曜と日曜を52週分引いて、さらに中国の法定祝日11日を引いて算出した数、そう、中国の年間基準労働日数です（余談：250から中国語発音の「あるばいうー」を想起したらスラングに堪能な方です。人に向かって「あるばいうー」と言うと、「あほ、ぼけ、たわけ、ばか」を指しますので使用法にご注意）。

　248とは、250日から半期に一度の評価実施日を引いた日数。評価日以外の日常業務日数を指します。

　つまり、248/250とは、「評価制度で最も重要なのは、半期に一度の評価実施ではなく、評価表を基に指導・育成し、社員を成長させていく日常である」ということを意味してい

レベル5	上司は評価表に基づき部下の日常指導・育成を実施、部下は自分の重点課題を理解して業務に取り組んでいる。日常業務の中でも評価表の内容を踏まえた会話がある。四半期に一度は個別フィードバックを実施しているが、このような機会を改めて持たなくても、お互いの認識は一致している。
レベル4	上司も部下も評価表を手元に持ち、日常業務で助言や指導を行う際、必要に応じて評価表を参照している。上司が日常で気づいたことはメモを残し、四半期に一度は実施する個別フィードバックで伝えている。評価時に自己評価と上司評価で大きな不一致がない。
レベル3	上司も部下も評価表が手元にあり、重点課題は認識している。上司は日常で気づいたことをメモに残しており、半期に一度の個別フィードバックで、このメモを元に具体的な助言や指導ができている。
レベル2	評価実施になって初めて、両者とも評価表の存在を思い出す。その場で一方的に内容を調整することもある。
レベル1	評価結果を本人に伝えていない。または個別フィードバックを実施していない。

図表9-5　人事評価制度のレベル

ます。「指導・育成する」という観点で評価制度のレベルを策定すると、**図表9-5**のようになります。最低ラインはレベル3です。ちなみに、私が社会人になって初めて経験した評価は、レベル2の記述そのまんまでした。

　もしかすると世の上司はほとんど勘違いしているかもしれませんが、上司は裁判官ではなくて、部下の育成担当者であり指導者です。裁判官は判決の日にジャッジをするのが仕事ですが、上司は部下を育成するのが仕事です。本人には意欲があったのに評価表では評価が低めに出てしまい、昇進などのために補正をしなくてはならなくなるなら、それは、上司の248/250に問題があったのです。普段から評

価制度に基づいた支援・指導をして、本人が頑張っていれば、期末に特別調整などしなくても、堂々と昇進要件をクリアできたはずです。

　就業規則と同様に、人事制度の主役は、経営者でも人事でもなく、上司です。上司が248日を使って部下の日常を観察し、観察結果と評価表に基づいて助言・支援・指導し、いい評価が取れたら肯定する。それでも悔しい評価結果になったら、認めるところは認め、反省するところは反省し、来期は何を重点的に頑張れば点数を上げられるのかを一緒に考える。これは、部下を持つ駐在員の主な役割の1つと言ってもいいでしょう。

◈人事制度の要点③部下の日常を把握
　図表9-5の「人事評価制度のレベル」に、「上司による日常のメモ」という記述があります。私はこのメモを、ちょっと怖いネーミングですが「えんま帳」と呼んでいます（被評価者には言わず、評価者内部の呼び方にしています）。これは、評価制度の運用における秘訣と言ってもいいくらい重要で、大きな効果があります。私は自社で10年以上えんま帳を書いていますし、私の会社の評価者たちも毎週書いています。

　えんま帳の形式や書き方は自由です。社員手帳のアドオンとして、カッコいい装丁にして管理者に配っている会社もあります。要点はただ1つ。とにかく観察したこと、感じ

たこと、気づいたこと、助言や指導や評価したことを全部
書くのです。最初のうちは、ネガティブなことだけを書いた
り、「こんな小さなことまで書かなくていいだろう」と判断
して大きなことしか書かなかったりしがちです。そうではな
く、意識して全部書き出します。良い面や、良い悪いでは
ないけれど感じた点などは慣れないと書きにくいので、意
図的にこうした内容を多く書くようにします。

　経験上、頻度は1週間に1回です。1カ月に1度にすると、
最後の週の印象しか残りません。私は1週間でも自信がな
いので、何かを感じたり助言したりした瞬間にメモするよ
うにしています（適当な場所に書くと後で集約できないの
もわかっているので、MacかiPhoneかiPadのNoteに書くよ
うにしています。OSが自動で同期をとってくれるため、「ポ
ケット1つ原則」を実現できます）。

　軌道に乗せるには、毎週10分でいいので、評価者を招集
し、「えんま帳出して。どれどれ……ほとんど白紙じゃない。
こっちも。今ここで5分あげるから、この場で思い出して
書いて。書いたら私に見せて」と書いてもらいます。特定
の部下の分だけ書いて、地味な部下の分が白紙だったら、
とにかく何か書くように促します。苦手な管理者もいるで
しょうが、繰り返して習慣化していけば、どんな管理者で
も書けるようになります。本当にどうしてもやらない・やれ
ない管理者がいたら、管理者から下ろしましょう。どのみち、

そのような管理者に部下育成は無理です。

　えんま帳をつけていると、管理者にとって苦痛だった評価とそのフィードバックという作業のストレスから、一気に解放されます。これはやった人にしかわからない爽快感かもしれませんが、えんま帳を読み返せば、部下の半年（四半期）が眼前に甦ってきます。そして、中国へ赴任した日本人にとって1年で最も憂鬱な時間となる部下への評価フィードバックの「無益な戦い」も激変します。

＜えんま帳がないフィードバックの様子＞

上司：（一通りの説明）

部下：私の今期の業績は○○でした。自分ではすごく成長したと思っています。だから、去年と同じBというのは納得できません。

上司：（部下の列挙した実績に突っ込みを入れつつ、自分が足りないと感じたことを伝える）

部下：でもやっぱり納得できません。先期、隣の部署の李さんはAでした。彼女は○○（自分より劣っていると思うことをしばらく並べる）でした。私は少なくともそれはできています。彼女がAなら、私もAでないと納得できません！

上司：（李さんが部下より優れていた点を挙げて説明を試みるも平行線。場合によっては1〜数時間、平行線の議論に付き合わされる）

＜えんま帳があるフィードバックの様子＞

上司：（一通りの説明）

部下：私の今期の業績は○○でした。自分ではすごく成長したと思っています。だから、去年より低いCというのは納得できません。

上司：最終結果のCよりも、まず個別の評価要素の点数を見よう。例えばこの「業務コミュニケーション」。あなたの自己評価が4、私がつけたのが2。評価表の基準2・3・4の内容を読んでみて。（しばらく待つ）。基準はわかったよね。で、私がこの半年メモしたことをいくつか読むね。まず1月の第1週、覚えているかな。あのとき本来相談してから送らなきゃならないメールを勝手にお客さんに送ってクレームが来たでしょ。そのときに注意したね。（うなずくのを確認）。で、3月4日。同じお客さんに同じことをやった。このときは私がクライアントのところにお詫びに行ったね。5月にも……（以下略）。さっき読んだ基準に照らすと、4はないよね。3も厳しい。正直、ちょっと甘めにつけて2にした。

部下：……。

上司：あと、この勤務管理。あなたがつけたのが……。

　日付入りで具体的なメモを示されると、本人は普通、これを上回るエビデンスは持っていません。しかもこちらは実際にあった話しかしませんから、本人も言われたら思い当

たる節があり、反論できません。これに、よかったことも すべて事実を積み上げて説明し、「何か漏れていることはあ るかな」と聞くだけです。自社でも他社でも、この方法で 評価をつけて反論を続けた人はまずいません。えんま帳さ えあれば、評価の根拠や理屈づけで困ることがありません。 全部記録を取っていますから。

　そして、評価のフィードバック面談はダメ出しする場で はありませんので、少し気になったこと、頑張っているこ と、成長を感じたことなど、できるだけさまざまな角度から、 本人の今期を振り返ります。

　私の会社では、上位者たちが書いた「えんま帳」を評価時 にまとめて本人に渡しています。それを追っていくと、だ いたい自分が今期どのように周囲から見られていたのかが わかるようになっています。

　私は管理者業務の最低50％は部下育成で、残りの50％ は部下を使って仕事を完了することだと思っています。駐 在員の立場だと、顧客対応もあるし、日本人にしかできな い本社対応もあるし、緊急対応の先頭に立つこともあるし、 膨大なメールを返していかなきゃいけないし、エクセルやら パワポやらを作らなければならないし、と仕事は山ほどある と思いますが、そこは頑張って、自分で手を動かさなけれ ばいけない仕事は1日の半分、4時間以内に収めることを目

標にしてください。残りは現場へ行って声をかけたり、部下について感じたことをまとめたり、直接話をして注意したり褒めたりしてほしいと思います。

◈ 人事制度の要点④人事制度は自社で作り育てるもの

ここまで書いてきたように、人事制度とは経営者のツールであり、評価制度とは上司が部下の成長を支援するためのガイドラインです。ここに経営者や管理者の魂がこもっていなかったら、制度を運用して社員と組織が成長したという手応えを感じることはあり得ません。ですから、人事制度は「そろそろウチも……」と取り組むものではありませんし、人事コンサルと人事に任せて構築して運用させるものでもありません。

何となく着手するには、手間もコストもかかりすぎです。外部に頼めば安くて数百万円、大手コンサルティング会社に声をかければ、すぐに1桁上がります。必要な期間と、その間に要する手間を人件費で計算すれば、さらにコストは跳ね上がります。本社の支援で構築する場合も同様です。

しかも、人事制度を導入すれば現在の労務問題が解決するのではないか、社員の不平不満が減るのではないか、と何となく期待して人事制度を導入すると、残念ながらほとんどの場合、導入前よりも反発や文句が大きくなるだけで、「こんなはずじゃなかった」と半年、1年後に導入を撤回し、

元の状態に戻ることになります。「そこまで極端なのは少数派でしょ？」とお感じの方は、本社人事の管理者や、日本で制度構築の経験がある方に聞いてみてください。かなりの確率で愕然とする経験談を聞かせてもらえるはずです。

こんな話を書いているのは、「やっぱり失敗しないためにも外部のプロに任せよう」と感じてほしいからではありません。むしろ、そのような発想は失敗のもとです。プロに依頼するのはかまいませんが、「任せ」てはダメです。プロに任せると必ずブラックボックスが発生します。これは外部の問題だけではなく、任せる側にも責任の半分があります。「任せる」という言葉の裏に、「自分たちは専門家でもないし、なんやら難しそうだし、お金を払っているのだから、彼らにやってもらおう」という思いがあります。これは大間違いです。

製造業で、顧客との仕様の打ち合わせや品質検査を外部に「任せる」会社はありません。商社で新規顧客の開拓、独自調達先の開拓を外部に「任せる」会社もありません。人事制度づくりにおいて、顧客とは社員であり、提供する側は経営者です。給料を払って社員を雇っている経営者以外に、社員の成長を本気で考える人はいません。

人事制度を作るのは人事部門や本社支援部門ではなく、人事制度には素人でも、社員に給料を払って仕事を任せ、

彼らを成長させて生産性を高めていきたいと考えている経営者です。逆に、別の方法でさらに効果的に利益が出せる、生産性が向上できるのであれば、人事制度にこだわる必要はまったくありません。経営者が「利益を出すためのツール」として使いやすいものに集中すればいいのです。人事制度はツールであり、ツールである以上は、明確な構築・使用目的がなければ、資源の浪費になってしまいます。

　人事制度のポイントは他にもあります。例えば、「典型的な日本の制度ではむしろ逆効果」とか、「中国だから中国流がいいわけではない」とか、「時代の変化に合わせて、上方に弾力性のある制度への大変革を」とか、他にも書きたいことはいろいろありますが、制度構築そのものは、駐在員全体ではなく主に経営者のテーマです。制度について書いていると、それだけでもう1冊本が書けてしまうので、この本ではここまでにしたいと思います。

9-8 就業規則と人事制度が機能すると、組織の健全な新陳代謝が生まれる

◇スリム化ではなく、弱体化

　就業規則と人事制度をきっちり運用していくと、駐在員を悩ませる問題社員はだんだん居場所がなくなります。仕事は適当にやって、裏でアルバイトや不正をしてお小遣いを稼ぎ、その収入の方が給与より大きいというような状態を引き締めていくと、問題社員は「田舎のおばあちゃんの体調が悪くなった」というような（嘘の）理由で、今月で辞めさせてほしいと言ってきます。会社側が解雇に悩まなくても、彼らの方から進んで辞めていきます。

　昨今、人員削減を考える日系企業は多いですが、コスト削減だけを目的に単純な人数合わせをしていくと、やり方によっては残ってほしい社員から辞めてしまって、辞めさせたかった社員は居座ってしまいます。量は減っても質はそれ以上に悪化します。これはスリム化ではなく、単純な弱体化です。就業規則と人事制度を使って、そうならないように管理していってほしいと思います。

　中国を含め海外に出てきたら、就業規則や人事制度は人事の専門家がやる仕事ではなくて、管理監督する立場にある人が自分のこととして運用していかないと、組織は回り

ません。

　それから、「日本だったらそこまでやらないよねえ」「そんなものを使わなくても組織は維持できるよね」という態度で中国に向き合うと、やっぱり回らなくなることがあります。現地で必要なものは何か、シビアに考えて取り組むべきだと思います。

第 10 章

中国人社員の
叱り方・褒め方の要点

10-1 叱るのは何のためか？

　まずは、中国でよくある実例を紹介しましょう。自分ならどのように叱るか、考えてみてください。

・始業時間後の出社
・外出と偽ってのサボり早退が発覚
・禁煙の社内で喫煙
・現場見回り中、安全規定違反を発見

　本章では、こういったケースで効果的に対応できる技を紹介します。

◈ どう叱るかの前に、叱る／褒める目的を

　社員は子供とは違います。親は子供の成長に関して、少なくとも成人するまでは無条件で責任を負っていますので、社会に適応できるように叱るべきときは叱ります。でも上司と社員の関係では、「そもそもなぜ叱るのか」を考えなくてはいけません。

　日本の会社組織では、「なぜ部下を叱るのか」の答えは「本人の成長のため」かもしれませんが、中国のような労働契約に基づく関係で「本人のため」と言っても、当の本人が「そ

んなお節介はいらない」と思っているかもしれません。

　会社はビジネスとして現地法人を経営しているのですから、ドライかもしれませんが、叱るのは「事業を継続的に発展させていくため」に必要な場合にすべきです。会社や組織の成長とまったく関係がないところで本人がどうあろうと、会社はそこまで面倒を見られません。自己責任でお願いしますということになります。

　ただ仕事の場においては、やるべきことをきちんとやってもらわなくてはなりません。会社の継続的な発展には本人や組織の成長が欠かせませんから、そのために必要なときには叱ったり褒めたりするわけです。

　事業の発展のための行為なら、それは利害に基づく合理的な判断によるものでなければなりません。会社で叱ったり褒めたりする場合、怒りや喜びを表情に出すにしても、それは感情任せではなく、本人に与える影響や効果を計算しながらのコントロールした表現です。カッとなったから怒るというのは、仕事人としての叱り方ではありません。

10-2 効果的な叱り方、褒め方

　では、効果的な叱り方、褒め方とは、どんなものでしょう。

　まずは、なぜ褒められたか、なぜ叱られたかを本人と周囲が誤解なく理解できることが大切です。誤解されたら、こちらの望む反省や成長がありません。

　そして、叱ったり褒めたりすることで、叱られた行為が改まったり、褒められたことをやる人が増えたりと、彼らの行動にポジティブな変化を生むようなやり方です。「何度言っても聞きゃしない」「誤解してゴマをする人が増えた」となったら、やり方を変えないといけません。どこかが間違っています。

　叱ったり褒めたりする側は、こういう言い方をしたら相手はどう受け止めるかを理解しておくことが重要です。相手がはねつけているのに、理解させようとして一生懸命くどくど言ってもダメです。このあたりは子供と一緒です。一度耳を塞がれてしまったら、何を言っても聞き入れてもらえません。

　そういう点から叱り方、褒め方のポイントを見ていきます。

◈ポイント①中国の面子と日本のメンツ

　中国では「面子」抜きに叱り方、褒め方を語ることはできません。中国人の社員や取引先と話をしていると、よく「面子（ミェンズ）」という言葉が出てきます。日本人も中国由来の「メンツ」というワードを使いますが、中国人にとっての面子（ミェンズ）は、日本人のメンツと少し違います。

■広さの違い

　日本人が使うメンツは、「メンツに関わる」「メンツを保つ」というように、どちらかというと、自分の価値を下げずに済むかどうか、いわば「マイナス回避」の世界です。

　一方、中国人の面子にも「没面子（メイミェンズ）＝面子が立たない」というように、マイナス回避の観念がありますが、中国人の面子には「給我面子（ゲイウォミェンズ）＝私に面子をください」のように、自分の存在価値・存在感を周囲よりも高めたいという「プラスの主張」もあります。

　食事の支払いがわかりやすい例です。日本人同士で誰がお勘定するかという段になると、

「ここは私が」
「いいえ私が」
「今日は私が話を聞いてもらったんですから、私が持ちます」
「あなた、前回も同じようなこと言って出していただきまし

たから、今日は私が」

などと続きます。「どちらが責任を負うか」という観点でやり取りしている感じですね。

　これが中国人同士の場合、

「ここは私が」
「いいえ私が」
「私のリクエストで選んだお店ですから、私に払わせてください」
「ちょっと待ってください。今日は私が転職に成功して初めての食事ですし、私に面子をください」

というように、「面子を上げさせてくれ」という感じのやり取りになります。これが「プラスの主張」の面子です。日本人にとってのメンツは下方向だけですから、中国人が考える面子の半分ということになります。

■重要性
　日本人がメンツという言葉を使う機会は他にもあります。

「あー、オレやけど。今ヒマ？山田んちで卓囲んでんやけど、メンツ足りへんのや〜。ちょっと来いや」

などというように、麻雀やボウリングなどの頭数（参加者）のことを、メンツと言います。こちらの方が使用頻度は高いかもしれないですね。しかも、品のある競技スポーツではなく、なぜか下宿している学生野郎たち的な匂いがします。

つまり、日本人にとってメンツという言葉の持つイメージは結構軽いのです。マイナス回避ということでは、似たような言葉として「体面」や「沽券」がありますが、重さでいうとメンツの方がだいぶ軽いです。

一方、中国人にとっての面子は、かなり重要です。意味合いは違いますが、重みという点で考えると、日本人にとっての「恥」や「屈辱」が近いのではないでしょうか。例えば「恥をかかされた」「屈辱を忘れるな」というと、日本人にとってメンツよりもずっと深刻な感じになります。中国人にとっては「面子を潰された」「面子を立ててもらった」というのは同じような重みがあるということです。

日本人経営者・管理者としては、叱ったり褒めたりする際に、まず面子の重みを理解することが重要です。立てるにせよ、意図して潰すにせよ、安易に扱うと思わぬ反発を受け、こちらも想定外のダメージを被ることがあります。本人だけでなく、周囲の反感や顰蹙を買うこともありますので、そういう領域だと理解して踏み込んでください。

面子を潰すので、中国人に対してやってはいけない例としては、「他の社員のいる前で上位者を怒鳴る」「立たせたまましぼりあげる」「現場社員に対してヘルメットや肩を小突く」などです。また、会議などで誰か1人を標的にするのもいけません。何かでカチンと来たからといって、「何だ今の報告は、だいたいお前はなぁ」と30分ぐらい一方的につるし上げてしまうのも、面子を潰します。

　逆に、本当は褒めるべき行為なのに「いやいや、この程度で褒めたら本人が伸びない」などと考えて面子を上げないのもよくないです。中国では、褒めるべきところは褒めることが大切です。

◇ポイント②中抜きしない

　叱り方・褒め方のポイントの2つ目は「中抜きしない」ことです。自分の直属の部下ではない2段階下の社員に対して、直接の上司がいないからとか、たまたま見かけたからという理由で直接叱ってはいけません。これは中間の上司が嫌がります。

　米国でもよくあるシーンです。海外ドラマを観ていると、ビッグボスが担当者に指示を出しているのをミドルマネジャーが見かけ、「今、私の部下に指示していましたよね」と指摘する。ビッグボスが気づいて「いや申し訳なかった、つい言っちゃったけど、すべきじゃなかった、申し訳ない」

と謝るシーンが出てきます。

　これは日本だとあまりありません。社員は大家族のようなものと捉えていて、本田宗一郎さんみたいに経営者が現場でスパナを投げても許されましたけど（今はダメでしょうが）、中国での中抜きは相手の面子を潰します。

　少なくとも、直属の部下の不信感を招きます。「僕を信頼してないのかな」「私より彼女の方を評価しているのかしら」などと思われます。直属ではない社員を注意しなければならないときは、原則としてその社員の上司も呼びます。例えば、見回りで違反行為を見かけたら、直接「お前、何やっているんだ」と叱るのではなく、その場で通訳に「ちょっと上司を呼んできて」と頼みます。上司が来たら、「今、あの社員がこういうことをやっていた。ちゃんと上司が見てないとダメじゃないか」と自分の部下に言います。安全に関わる行為など、その場で作業員に注意しなければならないとしても、やはり上司も呼んできて立ち会わせた方がいいです（直ちに注意しなければならない状況は別）。

　なぜかというと、第1に組織破壊を避けるためです。「オレは上司の上司だからいいだろう」というのは組織破壊です。駐在員の部下には職責と権限があります。彼らを飛ばしてダイレクトにその部下に声をかけると、彼らの職責と権限を奪うことになります。これが安易に成立してしまうと、

他の人が同じことをやったときに駐在員は文句を言えません。現地社員が自分に報告せず、本社の上司に直接報告したら嫌ですよね。なので、これはやめましょう。

　第2に、中抜きで叱ってしまうと、中間の上司は成長できません。わざわざ上司を呼んで説明し、立ち会わせて注意することで、間接的に「これはあなたの監督責任だ」と示すのです。上司の教育と情報共有ができるわけです。褒めるときも同様です。なぜ褒めたのか、ちゃんと上司も理解できて、これがボスの評価基準だと学習できます。

　叱られた本人は、自分の上司が呼ばれたのを見て組織のあり方を理解します。自分が勝手なことをすると上司に迷惑をかけるとわかります。これは特に若い派遣社員などに対しては非常に有効です。

　では、中抜きに注意を払っていないと何が起こるでしょうか。まず、部長と課長の指示が一致しない事態が起きやすくなります。部長が直接指示してしまうと、課長の指示と食い違いが生まれ、部下は板挟みになります。

　ある大手メーカーでは、たすきがけ人事によって社員が疲弊して辞めていくケースが一時期よくありました。部長は日本人、副部長は現地人、正課長は日本人、副課長は現地人となっていて、それぞれが違う指示を出したので、現

場が潰れてしまったのです。

　もっと低いレベルでは、部長と課長の仲が悪くて、担当者を通してお互いの批判をしているケースがあります。部長が「課長はどこに行った、またサボっているのか」とアレコレ指示して去っていく。課長が戻ってきて、部下が別の作業をやっているのを見て「あれ？さっき頼んだ件はどうなったの」「今、部長が来て指示されました」「現場のことなんて全然わかってないくせに」……部下は完全に板挟みです。

　また、日本語のできる若手と中間の上司を通さずにコミュニケーションしているような場合、上司が嫌がるだけじゃなく、若手本人が勘違いするケースもよくあります。部長が自分を引き上げてくれると期待して、直接の上司をないがしろにしたり、上司を飛ばして意見を言ってきたりするようになります。これも組織全体にとってよくないです。

◈ポイント③人ではなく行為に焦点を当てる

　叱り方・褒め方のポイントの3つ目は、人ではなく行為に焦点を当てることです。「王さんはさすがだよね」という言い方ではなく、「王さんは毎日元気に挨拶している、いいね」と褒めると、何をして褒められたかがはっきりします。王さんがいいのではなくて、元気に挨拶をすることがいいという褒め方です。

また、結果ではなくプロセスに焦点を当てることもポイントです。「何をしたからよかった」「何をしてないからよくなかった」と言葉にした方がいいです。「製造2課は目標達成。さすが！」も「アイツはアカンな、前々から気になっとる」もダメです。褒めるのであれば目標達成に至る過程の行為を褒めます。叱るなら「前々から気になっている行為」を叱ります。

◈ **ポイント④理由を明確にする**

　叱るときも褒めるときも、理由を明確にします。日本でよく耳にする「なんでアイツはいつもダラダラやっとるんだ」はダメです。「いつも」「みんな」のような曖昧な言葉は使わず、「彼、設備から目を離しているでしょ。あれで指を骨折した人がいるからルールでもダメだと決めたよね。規定順守を徹底させなさい。指を骨折したら大変だからね。危ない目に遭わせたくないんだよ」と言えば、叱られた理由がわかります。でも「アイツはアカン」では意味がわからない。「部長、機嫌が悪いのかな」で済まされてしまいます。

　理由を明確にするというのは、実は結構難しいです。例えば「タバコのポイ捨てがダメな理由」を末端の社員に理解できるように説明できますか？　米国人はよく「タバコのポイ捨てを取り締まると、街の清掃員が仕事を失う」というようなことを言いますが、中国でもこういう反応が返ってきます。「ちゃんときれいに使え」というと、「掃除のおばちゃ

んが1時間に1回は掃除しているので汚い状態は放置されません。僕らがきれいに使ったら彼女たちの仕事がなくなります」と真顔で言ってきます。「そうか、なるほどな」と納得してはいけません。

オフィスで勝手におやつタイムを作ったり、自分のデスクで観葉植物や魚を育てはじめたりする社員に、ダメな理由を言えるでしょうか。「ルールだから」というのは理由のようで理由ではありません。ちゃんとルールでおやつタイムを作っているならいいですが、おやつタイムはダメと規定しているなら、なぜダメかまで考えておかないと「ルールだから」では守ってくれません。理由をちゃんと用意して叱らなければ、なかなか中国では受け入れられないのです。

◈ その他のポイント

番外編として、会社で叱る目的（＝事業の継続的発展のため）に合致しない社員に対しては別扱いにします。近いうちに辞めてもらわなければならない社員には、前述のようなポイントを踏まえた対応をする必要はありません。会社は営利団体であり、契約社会ですから、会社のルールを守れない人は置いておけません。弁護士に引き渡すなど、それなりの対応をします。

10-3 問題別 叱り方のコツ

ここからは問題別に叱り方のコツを見ていきます。

◈ 問題別 叱り方のコツ①規律の問題

規律の問題なら、下位者の前であえて上位者に注意を与えます。

規律順守は全社員の必須事項であり、能力や経験は不要ですから、注意するのは「できるはずなのに、やっていない」ことです。時間にルーズ、休憩にルーズ、サボりといった規律の問題は、その場その場で注意していてもモグラ叩きになります。

規律の問題の場合、あえて上位者を呼んで注意を与えることで、上位者に対しては「君は他の社員と同じ自覚では困る」「彼らの指導もあなたの仕事だ」と自覚を促します。同時に、下位者に対しては「自分たちのせいで上司（先輩）が叱られている」事実を見せ、「日本人管理者対オレたち」ではなく、間に上位者もいることを認識させます。

◈ 問題別 叱り方のコツ②業務成果に関わる問題

業務成果に関わる問題なら、時にあえて上位者への厳し

い要求を下位者に見せるのも効果があります。

　ここでいう業務成果（仕事精度やアウトプット）とは、管理業務以外の通常業務です。先ほど大勢の前で管理者を叱ってはいけないと書きましたが、通常業務であれば、一般社員にも上位者が求められている高いレベルがイメージできます。そこであえて厳しい要求レベルを見せることで、一般社員の慢心を低減させ、上位者に対する見方を改めさせます。上位者には「特別扱いするからこそ、厳しく要求するんだぞ」という目線を伝えれば、かえって権威づけができ、彼らの面子が立ちます。

◈問題別 叱り方のコツ③安全に関わる問題

　保護具の着用や、設備の洗浄など、安全または品質に直接影響を与える行為を発見したら、誰であろうとその場で注意します。分け隔てなくその場で注意することで周囲に重要性が伝わります。切迫感を出すためにも、その場でガツンと言うのです。事態が切迫していないなら、本人の上司たちも呼んで彼らにガツンと言いましょう。相手によって使い分けると、周囲で見ていた社員は目の届かないところでまねをします。

◈問題別 叱り方のコツ④管理に関わる問題

　管理に関わる問題なら、下位者のいないところで注意します。

マネジメントやリーダーシップに関して下位者の前で注意をすると、上位者としての面子が立たなくなります。これでは本人が素直に受け止める心理的余裕を失いますし、今後の管理監督を行いにくくなります。ですから、マネジメントやリーダーシップに関しては、個別または管理職だけの会議の場で注意するようにします。

10-4 叱り方　応用編

　基本的に面子は「立てて生かす」ものです。叱るときは、前後にフォローすることで上手に面子を立ててください。

◈応用編①事前フォロー型

　叱られ役を作って、事前に伝えておく方法です。日常からタイミングを見計らって注意する場合に使えます。叱られ役は管理監督者や現場のリーダー格がふさわしいです。叱る対象者の中で上位者にあたる社員です。

　例えば最近、全体的に服装がルーズだから引き締めたい場合、前日に管理者を呼んで話をしておきます。

「このところ、安全帽をかぶらず、手袋もしないで作業しているワーカーが増えているよね。暑いし気持ちは理解できるがケガをしたら暑いどころで済まないよ」

　本人も身に覚えがあるわけですね。「すみません」と小さくなります。

「明日の午前の見回りで注意するけど、ウチでは君が一番上位者だから、君に特に厳しく言うからね。ちゃんと反省

して見せてくれ。もうくどくど言わないけど、本来はオレじゃなくて君が管理しなきゃいけないことだよ。明日以降は、ちゃんとやってくれよ」

　あらかじめこう言っておくと、翌日になってみんなの前で叱っても、本人は恨みに思ったりはしません。むしろ、信頼されているから舞台裏を見せてもらって、役割を与えられたと前向きに受け止めてくれます。ただし、管理者との信頼関係ができていないうちにやってはいけません。ある程度の関係性ができた後で、きちんと説明して実行するといいでしょう。

◇ 応用編②事後フォロー型
　安全面など、問題によっては事前準備なくその場で注意を与えなければならない場合があります。あるいは仕込みができなくて、話の流れでついきつく叱ってしまったときは、必要に応じて事後フォローを行います。

　まずは叱られ役になった人を別室に呼びます。叱ったときとは雰囲気を変えます。言葉が通じれば喫煙コーナーや食堂で行うとより効果的です。

「さっきはあなた1人を注意したけど、他の人も同じことをやっているのは私も知っている（相手の目を見ながら言ってください）。でも、あの中ではあなたがリーダー格だし、

みんなもそう思っているでしょう。だからあなたに言わない
とみんなが引き締まらないんだ。これから職位が上がれば、
もっとこういう機会は増えると思うけど、頼んだよ」

　こうしてフォローしておくと、自分は特別扱いされてい
ると思い、面子が上がり、救われます。

　このように前後のフォローを行って、「期待しているから
こそ厳しめに言う」「頼りにしているからこそ叱られ役に
なってもらう」というメッセージを明確に伝えます。これは、
相手の面子を立てるために叱っていることを意味しますの
で、本人が腐ることを避けられますし、また、上位者とし
ての自覚を持つようにもなります。

　叱られ役はなるべく育てたい人にして、教育機会に使う
といいです。

10-5 褒め方のコツ

褒め方にもコツがあります。いくつか紹介します。

◇褒め方のコツ①本人が気づいていないところを褒める

　まず、これは中国だけではありませんが、「本人が気づいていないところを褒める」ことです。本人が自覚していない長所を褒めます。日本語が得意で、それを自他共に認めている中国人社員に「日本語が上手だね」と褒めてもあまり効果はありません。内心「うん、知ってる」で終わりです。

　本人が意識していないところを探して褒めるといいです。「いつも会議が終わった後に椅子を片付けてくれているよね。地味な作業だけどすごく助かっている、ありがとう」とか、かつて褒められたことがない点を褒めることができると、「あ、そんなところまで見てくれているんだ」と相手は思います。

◇褒め方のコツ②注意された後、改善できていたら褒める

　「注意された後、改善できたら褒める」ことも大事です。日本人は何かができてなくて叱った後、それが直っていても褒めないケースが多いです。ダメな状態が直っただけで、まだまだだから褒めるべきじゃないと言う人もいますが、

中国では、できるようになったら褒めましょう。相手が「このレベルで大丈夫」と勘違いするのが嫌なら、本当はここまで頑張ってほしいけど、すぐに改善したのは素晴らしい、今の調子で頑張ってね、という感じで褒めればいいと思います。

◈褒め方のコツ③形から入っていても形は褒める

　「形だけやっているとき」も、形をやっていることは褒めましょう。あんなの形だけだ、表面だけだと言いますが、以前は形さえもしなかったのなら、形だけでもできるようになったことは褒めてください。

◈褒め方のコツ④1人前以下でも成長していたら褒める

　まだ1人前にできなくても、以前よりできるようになったら褒めましょう。ベタ褒めしなくていいので、引き続き頑張る活力を生むために認めてあげてください。

第 **11** 章

中国人との会議を
うまく進める技

11-1 日系企業の会議

◇日本人は会議好きの会議下手

　最後の章のテーマに会議を取り上げたのは、多くの日系企業で会議への不満を聞くからです。駐在員は「結論が出せない、深掘りが足りない」と思っていますし、現地社員たちは「会議が多すぎる、開いても成果がない」と言います。

　経営資源の観点で言えば、会議はかなり高価な手段です。参加者の人件費と会議時間で費用を概算すれば、その高価さを実感できるでしょう。例えば、

・参加者の平均給与8,000元（日本人込み・幹部会ならもっと）
・平均会議時間2時間
・平均参加人数10人
・週の平均会議数5回

とすると、人件費ベースで年間33万元（1元15.6円で計算すると約510万円）を越えます。週の会議時間が2時間×5回で延べ10時間というのはかなり控えめな数字ですので、自社に当てはめてイメージしてみてください。延べ50時間なら165万元（1元15.6円で2,574万円）です。会議は強力な手段ですが、活用できないと高くつきます。「とりあえず会議

で」はダメなのです。

　日本人は会議が好きですが、下手な会社が多いです。会社の会議のレベルはホワイトボードを使うかどうかでわかります。まず、会議室にホワイトボードを置いてないとか、書こうとするとペンが書けないので慌てて新しいペンを探しに行くような会社は、会議がうまくいっていないはずです。

　会議で結論を出す場合、口頭だけでは間違いが起きやすいです。結論はみんなが共通認識を持てる形にする必要がありますが、言語が違う人たちで議論しているのに口頭に依存してしまったら、そのクオリティは下がります。英語にしても中国語にしても、筆談や図を使って理解に齟齬がないことを確認しながら会議を進めているなら、少なくともわかり合う努力をしています。ホワイトボードがないというのは、それすらもやっていないということです。会議の質は高くなりようがありません。ちなみに中国の人は会議嫌いで会議下手です。しゃべるのは好きな人が多いですが、会議は下手です。

◈ 日系企業の典型的な会議パターン
　日系企業での典型的な会議のパターンを2つ紹介します。

　1つ目は、会議を日本語で行う場合です。

①「日本語＆沈黙うつむき型」

　　冒頭に日本人駐在員が発言

　　↓（中国語に通訳）

　　中国人管理者から報告

　　↓（日本語に通訳）

　　日本人の顔色が変わり、報告者に詰問

　　↓（やや躊躇しつつ中国語に通訳）

　　中国人管理者が釈明

　　↓（混乱気味の日本語で通訳）

　　日本人がじれてさらに詰問

　　↓（中国語に通訳）

　　一同下を向いて沈黙

　　↓

　　日本人の独演会が始まる

　　↓（一方的に中国語に通訳）

　　時間切れで会議終了

　日本人駐在員の皆さんは、こんな会議にしたくてしているわけではないと思います。当然、中国人もこんな会議を喜んでいるはずがありません。それでも、会議を開くと毎回同じように、日本人が話す→中国人社員は沈黙→沈黙を埋めるように日本人が発言→中国人が拝聴となってしまうケースがあります。

　なぜこのような会議になってしまうのか、その理由を考

えてみましょう。

　駐在員の立場から考えると、その理由は「求めるような反応が返ってこないから」です。こちらから投げかけているのに何も返ってこない、返ってきても言い訳ばかり、話が響いているのかどうかもわからない、となれば、何とか響かせよう、手応えを得ようとして、一方的に話してしまうのです。

　逆に、中国人管理者の立場から考えると、その理由は「駐在員の考えていること、自分に求めていることがわからないから」であり、「何を言ってもどうせ聞いてもらえないから」です。

　中国人社員の気持ちを理解するには、一度、会議を中国語ベースで進めるいいと思います。通訳にも気を遣わせず、あくまで中国人同士を中心に行います。駐在員は隅っこで威圧せずに参加します。

　その状態で1時間くらいすると、中国人社員の気持ちがわかるはずです。なかなかつらいものです。

　次に、典型的な会議のパターンの2つ目です。これは、会議を中国語で行う場合です。

②「中国語＆置き去り型」

　　中国人管理者が発言

　　↓（日本語に通訳、中国語では10秒ぐらい話したのに、

　　　　通訳は2秒）

　　中国人管理者が発言

　　↓（日本語に通訳、話題が通訳の琴線に触れたらしく、

　　　　通訳が中国語で直接議論に参戦）

　　中国語の議論が白熱

　　↓

　　日本人が堪りかねて現在の話題を聞く

　　↓

　　通訳が我に返って5秒で要約

　　↓

　　また中国語の議論が白熱

　　↓（日本人はポツンと置き去り）

　　時間切れで全員が日本人の顔を見る

　　↓

　　話のわからない日本人は何も決められず、会議終了

　このパターンもまったく効果的ではありません。

　では、どうすればいいのでしょうか。次節以降で解説します。

11-2 会議成功の鍵

◈会議成功の鍵①中国語ベースの議論を推奨

　日本語を使う会議と中国語を使う会議がありますが、私の推奨は、後者の中国語を使う会議です。日本人を置き去りにしてしまうリスクはありますが、それを踏まえても、中国語で行う方がいいと思います。その理由を説明します。

　中国の日系企業において、日本人はどんな会議でもポジションが上のことが多いです。それに自社の事業全体への理解は、日本人の方が現地社員より優れています。普通のコミュニケーション上の観察力、「ははーん、こういうことかな」という洞察力や推察力も、立場が上の日本人社員の方が優れています。また、日本人の地位が高い場合は、途中で「ちょっとストップ」と言えます。経営者が日本語で発言しているときに、中国人部下がストップをかけることは不可能です。でも上司なら、部下たちの議論が白熱してきたときでも「待って」と言えます。

　つまり、もともと強い立場なのに言葉まで有利になると、圧倒的に日本人の方が優位になり、フラットな議論ができなくなります。力関係が違いすぎるのです。現地社員が自由に意見を出せるようにするためには、母語優先にして、

日本人上司が場をコントロールしていく方が、バランスが取れます。中国語ベースなら議論のボトルネックが日本人上司になりますので、議論のかみ合い度、深まり方も肌で把握しやすいです。

　それから現実問題として、一般的な会社では日本語話者の方が少数なため、置き去りにされる人数という観点で考えても、中国語ベースの方がリスクは小さいです。

　こうした理由から、どっちかと言えば中国語を使う会議の方が、議論はうまくいくと思います。「とは言っても、オレは中国語わからんし、日本語わからん幹部も多いし、通訳がいるけど、それで今の状況だからね……」。駐在員のつぶやきが聞こえてきます。確かにこれが現実です。

◈ 会議成功の鍵②必ず白板を使う
　そこで、すぐに着手できる改善策が、「ホワイトボードに書く」ことです。

　例えば、中国語で議論させて、白熱してきたら一声かけます。

「今の論点はいくつあるの？」

　ガヤガヤしているのをしばらく眺めた後、

「じゃ、ホワイトボードに箇条書きで書いてみて」

　書いている内容を通訳担当に訳してもらいながら、進め方を考えます。

　ホワイトボードに書くメリットはいくつかあります。

・議論スピードが落ちる
・議論の目的を見失わない
・通訳がポイントを外しにくい

　中国語の議論はマシンガンのように早口で主張が飛び交います。かなり熟練した通訳でない限り、適時訳することは至難の業です。

　議論が一段落したり行き詰まったりしたところでホワイトボードに整理させれば、そこで議論に一区切りつけられます。

　また、「ポイントは何なの？」「論点はいくつあるの？」「理由を箇条書きしてみて」と求めることで、議論の目的を見失ったり、議論のための議論に入り込んだりすることを軌道修正できます。ポイントを書くことで、通訳はポイントを外さず訳せますし、落ち着いて比較的正確に訳すことができます。

日本語の場合も同様です。経営者もホワイトボードに要点を書くことで、通訳が落ち着いて正確に訳せるようになります。議論の過程が書いてあれば、会議の最後にポイントを再整理することも容易になります。記録も可能です。

　ただ、中国人社員は一般にホワイトボードを使い慣れていませんので、こればかりは見本を見せながら、回数を重ねてコツをつかんでもらうしかありません。お勧めは自分で枠だけ書いて、埋めさせる形にすることです。論点整理なら、

・箇条書きの頭の部分だけ書いて、続きを書かせる。
・左にメリット、右にデメリットの枠を書いて中を埋めさせる。
・空欄を矢印で結んだ図を書いて、関係図に整理させる。

　こうすれば、自分でもどこに問題があるかわかりますし、彼らも整理できます。最初は上で書いたことが下で否定されていたり、内容が重複していたり、驚くほど精度が低いと思いますが、少し我慢してやり続けると、彼らも慣れてきます。

　まとめ段階の使い方としては、今日の会議で決まったことを書き出して、

・今後の作業が発生するか

・納期はいつか
・誰がやるか
・進捗管理は誰の担当か
・次回の会議はいつやるか
・次の主催は誰か

などを全部書きます。そしてホワイトボードをパシャッと写真に撮って、画像をメール添付で関係者に送ります。これで議事録を書く必要がなくなります。

　議事録をまず中国語で作って、日本語に翻訳させて、両方を添付して送るって結構な労力ですよね。送るまでの時間もかかります。会議中からホワイトボードに図や箇条書きで書いておいて、そのまま写真に撮って送っておけば、参加者も印象に残りますから、後から見たときに「ああ、あの話ね」と思い出しやすくなります。丁寧にワードファイルで文字起こししなくても、画像1枚で納期も責任者もタスクもはっきりするわけですから、たいていのことはそれでOKです。

　よくあるダメなホワイトボードの使い方は、発言者が手持ち無沙汰で、目的なくキーワードを書いては消し、書いては消し、とやることです。全然意味がないばかりか、むしろ混乱を加速します。ホワイトボードは議論を整理するために使いましょう。

11-3 効果的な会議のために

　中国語ベースにしろ、日本語ベースにしろ、効果的な会議にするためには2点、気をつけることがあります。

◈ 効果的な会議のために①会議の性質を明確化する

　1つは、会議の性質を明確化することです。逆に言うと、何のための会議なのかが不明確な会議は多いです。

　会議は、参加者全員の時間を同時に拘束します。その間は他の付加価値を生む業務に従事できません。社内リソースなのでついつい気安く開いてしまいますが、実は経営資源をかなり贅沢に使っているわけです。設備を稼働させるのも、営業担当を海外出張させるのも、必ず目的があります。会議も他の活動を止めてまで達成したい目的があるはずです。やりたいことが明確でない、あるいは参加者たちに狙いが伝わっていない会議は「静かな会議」の原因にもなります。社員たちが内心、「これ、集まって会議開く必要ないのに……」とか「なんで自分が参加しているんだろう」と思っていたら、当然会議では静かにしています。皆さんも日本では思い当たる節があるのではないでしょうか。

　少なくとも、冒頭に会議の目的と予定時間は明示しま

しょう。定例会だからとりあえず、というのはよくありません。

　会議の種類は大きく分けると2つです。「広げる」会議と、「絞る」会議です（ただの連絡・共有が目的なら会議を開くべきじゃないと私は思っていますが、まぁやむを得ない場合もあります。広げも絞りもしない会議は本来ナシです）。

　「広げる」会議は、意見・アイデア出しなど多対多の拡散型コミュニケーションで、制限を設けず自由に発想を広げ、飛躍させるものです。「現実的じゃない」とか「状況を考えろよ」という批判をどう封印するかがポイントです。雰囲気としてはリラックスして、みんなが言いたいことをスムーズに言いやすいようにする。場合によってはお菓子やコーヒーを出したり、会社が許すならビールを出したりして、「今日はドンドン意見を出してね」という場を演出します。

　「絞る」会議。これは「収束型」で、いくつもの選択肢、決めきれない要素がある中で、最後、1つを選択し結論づけます。決める会議です。検討要素を洗い出すところまでは多対多もしくは1対多、最後の決断局面では、その権限と責任を負う人が意志決定を行います。決める会議では必ず決めます。最終決定ができないとしても、今日は最終決定しない、いつまでに何をして決める、ということを決めます。

そのためには参加者の視線や議論の的がずれないように、集中させ、視線を集める工夫をします。ホワイトボードを使う、各自で作業する時間をとる、指名する、時間制限するなど、他のことを考えずに、今はこれに集中しなきゃという環境を作ります。

◈ 効果的な会議のために②会議をコントロールする

効果的な会議にするためのもう1つの鍵は、会議のプロセスをコントロールすることです。これも大きく分けると2つ、「上げる」か「下げる」かです。

「上げる」というのは、どうも沈滞して意見が出てこないときに、参加者から意見を引き出すことです。質問したり、手元の付箋やホワイトボードに書く時間をとったりして、沈滞している議論を上げていきます。

逆に「下げる」は、わーっと議論が白熱しているときに抑えます。「はい、もう1時間たったので休憩に入ります。休憩明けにホワイトボードにまとめるからよろしく」と切って10分後に仕切り直す、などです。

会議をコントロールする技術は、中国でも日本でも、異文化のコミュニケーションを超えてまだまだ研究・改善の余地のあるテーマです。私は自社の社員には、二言語以上が飛び交う会議でファシリテーターとして司会を務めて、ク

ライアントが導きたいゴールに導けるようになったら、最高
のポジションを用意すると約束しています。会議はコミュニ
ケーションの1つの集大成です。人を集め、文化も言葉も
違う中で議論をしてゴールにたどり着く。非常に重要な、
価値のある仕事だと思います。

司会は1つの技術、
研究の価値あり

◇ **進行役に必要な技術**

次に、進行役（司会者）の役割について考えます。会議の成果は実のところ、半分ぐらい進行役の技量によって決まります。

ここまであえて進行役の技量に触れなかったのは、「取り上げたところですぐに改善・成長するのは難しい」からです。そこで先に「駐在員がすぐに試せる具体的なコツ」を紹介し、進行役の技術については重要ながら後に回したのです。

会議はコミュニケーションの塊です。立場も違えば、話し好き・無口、感情屋・批評家、アイデア派・実務肌などが混ざっています。席に着いた彼らを会議のテーマに集中させて成果に導くのは、進行役の手腕次第といっても過言ではありません。

進行役に求められるのは、「ごちゃ混ぜな人たちを束ねるコミュニケーション技術」です。慣れないと難しいのですが、主に必要な技術を**図表11-1**にまとめます。

①	聞く技術
②	確認する技術
③	整理する技術
④	質問する技術
⑤	振る技術・さばく技術
⑥	視点を大きく変える技術
⑦	間を取る技術
⑧	締める技術

図表11-1　会議の進行役に必要な技術

◈ポイント①聞く技術

　まず必要なのは「聞く技術」です。相手の話を聞く上で大切なのは、相手に「自己重要感」を与えつつ、意図を的確に把握することです。自己重要感とは「自分が価値ある存在だ、他人から重要だと思われている」と感じることです。相手に自己重要感を与えられれば、相手もこちらに好意を持ち、こちらの話を肯定的に受け止めようとします。

　逆に、こちらが知りたいこと、聞きたいことだけを優先する姿勢が相手に伝わってしまうと、相手もこちらの話に耳を傾けようとしなくなります。

　といっても、会議は1対1の場ではありませんから、相手の心情だけを優先して要領を得ない話、的のずれた話を長々と聞いていては、他の参加者から集中力を奪うことになります。

285

ですから、自己重要感を与えつつも、意図を的確に把握
して他の参加者と共有する技術が必要です。具体的な方法
としては、次のようなものがあります。

・適度に相づちを打ち、目を見て聞く
・ポイントを書きながら聞く（ホワイトボードだと効果大、
　ただし整理して書かないと逆効果になるので自信がない
　場合は避ける）
・相手の話を要約しながら聞く（例えば、「今の話を整理す
　ると、全部で3点ありましたよね……」などと言う）
・相手の感情を表現する（無理に共感を示す必要はありま
　せんが、例えば「崔さんとしてはかなり大変だったんです
　ね」「王さんは腹が立ったでしょうね」などと言う）
・周囲が話のポイントを理解できていない様子であれば、
　軽く補足する（例えば、「肖さんが懸念しているのはこう
　いうことです」などと言って、肖さんがうなずくのを確認
　する）
・（話が要領を得ず冗長であれば）質問を使ってコントロー
　ルする（例えば、「すみません、個別の問題点に入る前に
　確認したいんですが、張さんは案Cには反対、案AとB
　は一長一短あるので、迷っているというのが今の状態で
　すよね（張さんうなずく）。じゃあ、まず案Aの留意点か
　ら話をお願いします」などと言う）

　このような方法で、耳を傾け、整理し、場で共有しなが

ら聞くのがコツです。傾聴というよりも、アクティブに聞くというイメージです。

◈ポイント②確認する技術

　話を聞く技術の次に必要なのは確認する技術です。特に、整理して話すことに慣れていない参加者が多い場合や、通訳を介す必要がある場合は、確認技術の不足が議論の成果を阻みがちです。確認とは、相手の言いたいことを自分と他の参加者が的確に受け止めたかどうか確かめることです。ここで必要なのは、「相手が何を言ったか」だけではなく、「相手が何を話したいのか」を確かめることです。

　例えば、新たな社内プロジェクトを行うべきかどうかを議論する会議中に、王君に意見を求めたとします。

王君：「この活動も重要だと思うが、自分としては受注が
　　　　確定しそうなオーダーの人員繰りで頭がいっぱいだ」

　この王君の発言を普通に理解すると、「新プロジェクトもいいけど、目の前の案件で手いっぱい、そんな余力ないでしょ」となります。ですが、この発言の意味が「このプロジェクトには賛成。悪くないと思う。それとは関係ないけど、今は自分にとって新オーダーの対応が最大の関心事」だったらどうでしょう。社内プロジェクトへの態度はまったく逆ということになります。

ここで、進行役が「何を話したいのか」まできちんと確認していれば、議論はスムーズに進みますが、発言の表面だけ受け止めていたら、議論はしらけてしまい、王君に対して「なんだアイツ」という視線が刺さります。

　王君のように、悪気はないけれどコミュニケーションが得意でない社員はどの会社にもいます。彼らを会議の場で活かせるかどうかは進行役次第です。

　確認で押さえるポイントは、「結論・論点の確認」「事実・想定・意見の区別」「5W1Hの確認」です。

■結論・論点の確認

　例えば、「今の話だと、実施には賛成。ただ方法はもう少し検討すべきということですね」など。

■事実・想定・意見の区別

　例えば、「今週中の仕上げは困難というのは、業者の正式回答でしょうか。それとも陳さんの想定でしょうか」など。

■5W1Hの確認

　例えば、「そんなに時間がかからないとは、どれぐらいでしょうか。今週前半？　来週中？」など（このとき、尋問口調で相手を問い質すような語調にならないよう気をつけてください）。

　こうした確認をすることで、場をあたため、参加者をひきつけて成果を出すようにします。

◈ポイント③整理する技術

　次の「整理する技術」は、確認する技術の延長です。押さえるポイントは確認と同じく、「結論・論点の整理」「事実・想定・意見の整理」「5W1Hの整理」です。以下では、会議で整理するタイミングをまとめます。

・母国語での議論が白熱し、通訳が付いていけていないとき
・一通り議論が巡って、先に進まなくなったとき（対立軸が明確化したり、堂々巡りしたり、アイデアが出尽くしたりした場合）
・参加者の一部だけで議論が白熱し、他の参加者に伝わっていないとき
・途中参加者が入ってきたとき
・ある議題を結論づけるとき
・会議全体をまとめるとき

　また、整理ではホワイトボードに書くことが鍵です。全員が文字で共有しながら進めると、冷静になり目前の議論を落ち着いて再確認できます。

◈ポイント④質問する技術

　進行役が質問すべき状況は2つあります。

1つ目は、誰かが注目する発言をした場合です。発言者の意図をはっきりさせるだけでなく、さらに深掘りしたり広げたりします。例えば、以下のような感じです。

陳班長：「ウチの工程も入社したばかりの若年作業者が多いけど、それが原因で品質目標が未達になったりしてないッスよ」

進行役：「それは気になる発言ですね。陳さんの話、もう少し聞かせてください。普通に考えると影響が出ると思うんですが、入社して最初の1週間で、彼らと接するときに意識してやっていることはありますか」

　ポイントは、質問の具体性・深さが、返ってくる答えの具体性・深さを決めるということです。先ほどの例で言うと

「何か工夫していることはありますか」

では範囲が広すぎて、陳さんの答えも

「いや、特別なことは別に……」
で終わってしまうかもしれません。これを

「最初の1週間で」「彼らと接するときに」

などと具体的に質問すれば、陳さんも思い浮かべる範囲を特定できます。

　質問すべき状況の2つ目は、自分から問題提起する場合です。この場合、質問形式の選び方がポイントになります。

■イエス・ノー型

　答える方がイエスかノーだけで答えられる質問形式。答えを確定させたいときに用います。例えば、「郭さんはまず『5S』教育から始めるべきだと思いますか？」など。

■自由回答型

　回答の方向性を絞らず質問します。意見やアイデア収集に向き、質問は簡単ですが、返答を確認・整理・深掘りする技量が必要です。例えば、「江さんは何から教育するべきだと思いますか？」など。

■選択肢型

　2～4択形式で質問します。質問者に適切な選択肢を設定する技量が必要ですが、意見集約・論点絞り込みに適しています。例えば、「劉さんとしては『安全』『5S』『報連相』『日系企業の特性理解』のどれから教育を始めるべきだと思いますか？」など。

　つい自由回答型を多用しがちですが、自由回答型は実の

ある回答を得るための難度が実は最も高いため、選択肢型の質問を使いこなせるよう目指しましょう。ほとんどの質問は、3つの形式のどれにも置き換えが可能です。意識して選択肢型に置き換えて質問していれば、習慣化します。

◇ポイント⑤振る技術・さばく技術

　振る・さばくは、議論の範囲を広げたり絞ったりする交通整理のような技術です。

　振る技術は、議論に参加していなかった第三者を議論に巻き込む際に使います。具体的には、次のようなときに使えます。

・特定の人だけの発言が続くとき
・議論に新風を吹き込みたいとき
・進行役が時間を稼ぎたいとき

　相手の自尊心をくすぐるひと言を添えられると上級者です。例えば、次のような感じです。

例：「この件、いつも冷静な判断を下す喬さんはどう見ますか」

　もう1つのさばく技術は、次のようなときに使えます。

・似たような発言が相次いだとき
・的外れ・不適切な発言が出たとき
・同時に複数の議題が提起されたとき

　このような際に場を仕切って、混乱や沈滞を防ぎます。
例えば、

例：「ということは岳さんも毛さんの意見に賛成ですね」
例：「じゃあ、それは本来の議題の討議が終わってから、戻っ
　　　て議論しましょう」

　他の技術と同様、場の雰囲気を冷やすような高圧的な言
い方は避けましょう。

◈ポイント⑥視点を大きく変える技術
　視点を大きく変える技術は、議論が行き詰まった際や、
発言が感情や先入観優先で偏ってしまった際に使います。
ポイント④「質問する技術」の応用編です。

　通常の質問と違うのは、極端な例を出したり、思い切っ
た前提条件を提示したりすることで、それまでの議論の流
れを断ち切り、視点を大きく変える点です。

会議での発言：「納期を今より20％も短縮するなんて無理。
　　　　　　　　今だってギリギリ」「そう思う。そんな話を

部下に言ったら、頭から湯気を出しそうだ」

「（あちこちから）そうそう」

進行役：「では、仮に納期の短縮を邪魔している主な要因を今すっきり解消できるとしたら、何を解消すれば現場に無茶させなくても20％短縮できるでしょうか」

　ポイントは、単に極端な例や思い切った条件を出せばいいというものではなく、行き詰まりや先入観の打破に焦点を合わせて問題提起することです。次のような方法があります。

■制約条件を外す

　例えば、「これらが全部解決できたとしたら、どうですか」など。

■想定を超える目標を提示

　例えば、「設備投資せずに生産量を3年で倍増するためには、何が必要でしょうか」など。

■逆の立場に立たせる

　例えば、「皆さんが顧客側だったら、今の回答案に対してどう感じますか」など。

◈ポイント⑦間を取る技術

　間を取る技術とは、あえて会話を進めず、沈黙の効果を生かす技術です。会話で沈黙という空白が生じると、無意識に空白を埋めたくなる心理が働きます。議論を進める責任を負っている進行役の場合はなおさらです。

　ですが、あえて空白を埋めずに間を取ることが効果的な場合もあります。以下のような場合には、焦って沈黙を破らずに間を取ることが有効です。

・場に質問を投げかけ、参加者たちが質問の意味を消化して自分なりに考えようとしているとき
・話下手な参加者が、言葉を探し詰まっているとき
・視点や発想を大きく変える問題提起をして、議論の流れを断ち切ったとき

　間を取ることで、相手の思考を折らず、無意識に空白を埋めようとする心理で相手に発言を促す効果もあります。

　間を取って沈黙する際は、穏やかな表情を意識しながら、ゆったりと相手の顔を見たり視線を外したりすると、関心を持っていることが伝わり、かつ、プレッシャーになりすぎないようです。

◈ポイント⑧締める技術

　締める技術は、会議の最後を締めくくるための技術です。長時間の会議や、簡単には結論の出ない会議で、最後の議題の討議が収束しかけると、参加者たちは頭も身体も疲れ気味で、全体に「ふぅ終わった終わった」という空気が流れます。進行役もこの気分がわかりますから、最後の議題が終わると手早く会議の終了を宣言しがちです。

　ですが、これは非常にもったいないことで、最後をうまく締められると会議の成果が高まり、参加者にも到達感・区切り感を与えることができます。

■締める際の共有ポイント
・今日の目的・議題を再確認
・結論・持ち越し論点を整理
・各自の宿題を5W1Hで確認
・次回開催の確認
・経営者・主催者のひと言を促す

　これらを共有することで、会議全体を振り返り、自分の役割を確認し、解放感・疲労感ではなく「引き締まった感」で終わることができます。また、口頭ではなくホワイトボードを使った方が効果的です。

11-5 会議は白板！ 議論して結論を出す

　中国で有効な会議を実施する方法を紹介した本章も、これで最後です。最後に会議のポイントをもう一度振り返りましょう。

◈行儀よさは逆効果

　会議は「広げる」「絞る」の2種類です。いずれにしても、参加者全員のアイデアや意見や観点を引き出さなければ、一堂に会して行う意味がありません。これは、どう各自のエネルギーを引き出し、場のパワーを高めるかということです。

　そのためには、場の空気を暖め、いい意味で調子に乗せ、遠慮なく議論を交わせる雰囲気づくり、環境づくりが大切です。

　一方、日本には昔から、大勢で集まった場では行儀よくし、声高に自己主張しないことを美しいとする意識があります。会議を生かすためには、この意識を捨て、さらには逆に振る方がうまくいきます。例えば、開始時間より早めに来た社員とバカ話する（自分の失敗体験などが効果的）、お菓子を差し入れてみる（日本土産の変わったものが効果的）などで、活性化を図ってみるのも手です。これは、気

ままな参加態度を許すということではありませんが、謹厳な日本人にとっては、ちょっと遊び心を加えてみるぐらいがちょうどいいかもしれません。

また、当事者以外の参加が多いと、場のパワーを高める上でマイナスになります。参加者の選択も重要なポイントです。

◈ 書いてまとめる

うまく乗せると中国の社員たちもよくしゃべりますが、方向がずれていては会議の目的が果たせません。これは、高まったエネルギーを無駄にせず、どう方向づけるかということです。

このためには、これまでに紹介した進行役の各種技術が役に立ちますが、少なくとも「ホワイトボードに書く」ことは誰にでもでき、非常に効果がありますので、ぜひ習慣づけてください。

◈ その気にさせる

よい会議は、会議が終わる時点で、始まる前よりも参加者がやる気になります。会議の場で集中させ高めたエネルギーを参加者1人ひとりに還元して、火をつける感じです。このためには、会議で参加者全員に光を当てて当事者意識を高め、参加者で役割分担を明確にして散会することが大切です。

Appendix

駐在員のサポート

Appendixでは視点を変えて、駐在員を送り出す側/現地で迎え入れる側の皆さんに向けて説明します。駐在1年目は「業務以前にいろんなハードルがある」と認識し、関与・介入しなくてもいいですが、目を離さず、何かあればケアをするようにしましょう。

A-1 新任者のやりがちな失敗

　一昔前は、着任直後は生活面でいろいろ大変だけど、漫然とやっても会社の業績が上がることが多かったので、「なんとなく」でも駐在員が務まりました。本社も何も言わなかったし、多少ゴタついても現地社員は給料が上がるならかまわないという状況でした。

　しかし、今の駐在員の置かれた環境はそうではありません。何もしないで結果オーライにはなりません。これから先、そういう傾向は強まるでしょう。過去の駐在経験者たちは「オレたちの頃はそんなの当たり前にやっていた」「普通にやればできるだろう」と思うかもしれませんが、今同じことをやっても、まず同じだけの結果を出すことはできないと思います。

　今の駐在員の置かれた環境は厳しく、成果を出すには、

本人の努力も必要ですが、周りのサポートも必要です。そこで、本章では新任者がやりがちな失敗を列挙します。このような状況になりそうな場合、新任者は周りがなかなか見えないので、本人に助言し、今の状況を客観的に見られるようにしてあげることが大事です。

◇新任者がやりがちな失敗①空回り

　最もよくあるケースは「空回り」です。勢い込んで赴任してきて、最初に頑張りすぎてしまうケースです。「日本での肩書は課長だったけど、部長として赴任することになったから、ここはみんなを引っ張っていかねば」とすごく気合が入っている人が空回りし、現地の人にドン引きされるケースです。これは、本人が頑張れば頑張るほどつらい状況を自ら作り出してしまいます。

　これを放置すると、メンタルや体調を崩してしまって、早々に継続不能になってリタイアしてしまうことがあります。これは本人のためにも組織のためにもなりません。帰任で済めばまだいいですが、痛ましいことに、毎年一定数の方が現地で亡くなっています。鬱病などで心身の健康を崩して、最後は日本の職場にも戻れなくなってしまう人もいます。そういうつらいことは避けたいですね。

◇新任者がやりがちな失敗②部下のガードが堅く切り込めない

　2つ目は、部下のガードが堅くて全然関係を築けないケー

スです。現地の業務でどんなことをやっているのか、手を突っ込もうとしたら想像以上にガードが堅くて突っ込めない、どんなふうにやっているか全然わからないんですね。自分としては現状把握した上で助言をしたいと思っているのに、部下に隙がなく、一体どうやっているのか、ちっともわからない。1人浮いた状態に置かれてしまう場合です。

　部下のガードが堅く切り込めないからといって、駐在員が不用意にいろいろ指示命令を下してしまうと、ひどい場合は社内が戦争状態になります。部下との折り合いが悪くなり、誰も口をきかず、会議ではバトルになります。日本人駐在員と現地リーダーの板挟みになった現地社員が嫌になって辞めてしまうこともあります。戦争状態になれば、総経理など上層部が介入しないとどうしようもなくなり、後始末はなかなか大変です。

◇新任者がやりがちな失敗③我が道を行き部下には関心薄

　マイペースすぎる人も失敗します。いつも我が道を行く人です。自分の業務はきちんと実施し、本社への報告や資料作りにも熱心ですが、部下に関心が薄く、全部自分でやってしまうような人がいます。また、デスクに座ってパソコン業務ばっかりやっているので、部下の側もどう扱っていいかわからないケースもあります。

　これでは本来の役目が果たせていないので、元からいた

駐在員がフォローに入らないと組織として回らなくなります。かえって手間が増え、新任者は来ない方がマシだったという状態になります。

A-2 新任者のハードル

　新任者が赴任したら現地に適応して期待される仕事を果たし、現地からは「来てくれてよかった、助かった」という状態に持っていきたいですよね。そこで、送り出す側も押さえておきたい、新任者が越えなければならないハードルを説明します。

◈ 新任者のハードル①文化・法律の違い

　1つ目は、接待・乾杯文化の違いです。同じ中国でも、北方だと乾杯は白酒で、南方は紹興酒です。日本の乾杯と意味が違い、「杯をぶつけたら飲み干せ」という文化です。会社の飲み会などでは、新任者に向けて乾杯の波状攻撃をしてきます。こちらが接待文化を知らないのをいいことに、乾杯用の小さいグラスでなく大きなコップを持たされて、しかも全員分飲まないといけないようにします。お酒好きな方はいいのですが、苦手な方は地獄です。

　取引に関する慣行や文化も違います。中国の財務担当者は払わなくていいものは期日通りに払わないのが腕の見せどころと考えていますから、そういう人たちを相手に、どうやって自分のところの支払いだけはきっちり遂行してもらうか工夫しなければなりません。日本にいたときは考え

たこともなかったと思いますが、いきなり上司として監督しないといけません。取引先のリスクに関しても、日本だったら信頼の置ける信用調査会社が何社もあり、データベースもあり、ある程度チェックをかけてレポートして社内を通せばOKとなりますが、中国現地ではそんなものは整備されていないので、いざ確かめようとしても「さて、どうしよう」と戸惑います。

それから法律政策の壁です。ただでさえ複雑な上に、コロコロと変わる環境や労務の法律政策を理解しなくてはいけません。多くは今まで経験してこなかった分野なのに、急にややこしいことをやらなければならなくなります。

◈ 新任者のハードル②社内関係の壁

基本的なところでは、社内関係もハードルになります。日本で働いている場合、会社のあちこちの部署に同期入社の仲間がいたり、過去に同じ部署だった人がいたりします。他部署に話を通そうとした場合、そうした人に電話をかけたり、ちょっとお願いしたりすれば、何とかしてくれるものでしょう。社内にも社外にもネットワークがあるわけです。ところが中国に赴任すると、基本的には誰も知らない状態から始めないといけません。昔からの関係をうまく使って溶け込むことはできず、言葉の問題もあり、社内でも社外でも人間関係を作っていくのに骨が折れます。

ローカルルールの壁もあります。「中国ではできません」と一蹴されたり、同じグループ会社でも上海拠点と天津拠点ではルールが違ったり、本社と違うやり方をしていたり、いちいち戸惑います。長く駐在すればそんなことは当たり前になるのですが、新任者は大変です。

　さらに、上司との付き合いです。日本人上司がいる場合、その人がサポーターになってくれればいいのですが、飲み相手に連れ回され、愚痴のはけ口にされて、新任駐在員がメンタルをやられるケースがあります。中国人上司の場合はもっと難しくて、日本人が上司で中国人が部下の場合はいいチームを組めるチャンスも多いのですが、中国人が上司で日本人が部下になる場合、実情を見るといいチームを作るのは非常に困難です。合弁相手がいる場合、そことの関係も難しい舵取りを迫られます。

◇新任者のハードル③生活環境の壁
　もっと手前の話として、生活環境の壁もあります。例えば住宅です。昔ほど頻繁ではないとは言え、今では日本よりも家賃が高いのに、突然トイレが使えなくなるとか、電気が止まる、エレベーターが動かない、給湯設備が貧弱で長めのシャワーを浴びただけでお湯が切れる、湯船はあるが湯を張るだけの湯量がない、といったことが起きます。なかなか日本のようにリラックスはできません。何か問題が起こっても総務の社員や大家に連絡するだけしかできず、

自分ではどうしようもない状況にいるわけです。

　それから移動です。社用車で行ける範囲はいいとしても、自分で動こうとすると、タクシーに乗るのも一苦労です。地下鉄やバスに乗ると言ったって結構なハードルです。そうすると息抜きに出かけることすら億劫になります。出かけたところで大変な目に遭って、さらにストレスを抱え込むこともあります。

　買い物もそうですね。今は日系スーパーマーケットやコンビニエンスストアが増えてきて、日本と同じような物が買えるので便利にはなりましたが、アマゾンでポチッとしたら明日には届くなんてことはないので（現在の中国は日本以上の宅配環境がありますが、外国人が使うにはハードルが高いです）、やっぱり自分で出かけていくか、社員にお願いして世話を焼いてもらわないといけません。

　情報の壁もあります。日本人が多く住んでいるサービスアパートメントなどでは日本のテレビが見られてLINEが使える場所もあるそうですが、基本的に中国ではGoogleもYahoo!もLINEもTwitterもInstagramもFacebookも規制されていますから、好きなように情報収集や家族・友人とのやり取りができません。

　少し体調を崩すとこれも厄介です。社員がケアはしてく

れるでしょうが、歯痛や発熱などでは頼むのも気が引けます。かといって、自分で病院に行くこともできません。また、病院でちゃんとした治療をしてくれるのか不安ですし、実際、「もう2度と行かない」という経験をした人もいます。

理容室や美容室も同じです。地域によっては大気汚染の問題もあります。息抜きもあれこれ考えないと、息抜きをするために息の詰まることをしないといけない。こんなことがいっぱいあるわけです。

◈見落とされがちなこと

今挙げたようなことは、先輩駐在員にとっては遠い過去の話であって、ほとんどがクリアしてきているので、どのぐらい大変かということはもう意識に残ってないと思います。もっと言うと、上長の立場で赴任する人、つまり現地の日本人経営者や拠点長は、基本的にタフです。皆さん、「いろんなことがあって大変や」と言いながら、しっかりというか、ちゃっかりというか、上手に手を抜ける方が多いです。さまざまな壁を苦にせず、むしろ楽しんで適応してきた方々が昇進して今の地位にいるので、現代の新任者の気持ちはわからないし、そもそも「ケアしてあげないとダメかも」という発想があまりありません。私もどちらかと言うとそういうタイプなので気をつけないといけないのですが、そうすると、若手の新任駐在員はほとんど何のケアもされず、「習うより慣れろ」で放置されてしまいます。同じタイプの人は

いいですが、そうではない人だとハードルが高すぎます。

　特に「経験の交差」がある場合、昔だったら駐在員は社内では親分で、自分でいろんなことを仕切れましたが、今は部下にさえ気を遣わなければいけない状況になっています。「いろいろあると思うけど、そのうち慣れるから」と言われただけで放置では、かなりきついと思います。

　駐在員の周りにいる人は、駐在員の仕事だけ見ていればいいというわけではなく、食生活やリフレッシュの機会を軽視せずに見てあげることです。「もう大人だから向こうもかまってほしいと思ってないだろう」とか、「最初だけ教えて後は踏み込まない方がいいだろう」と思うかもしれませんが、今の若い人たちはそうとも限りません。母親みたいに世話を焼けというわけではありませんが、例えば「普段は何食べてるの？」ぐらいの声かけはしてもいいでしょう。いつも外食でコッテリした物ばかり食べているとか、億劫でコンビニエンスストアで済ませてるとか、そのあたりは把握しておいた方がいいです。お酒の量はストレスのサインです。他に逃げ道がなくなるとタバコやお酒の量が増えます。それが本人の許容量内ならかまいませんが、度を超えると深刻な問題につながります。着任して半年ぐらいは、「どんな感じでやっているかな」と周囲が気にかけてあげてください。

A-3 支援・受け入れ側の対応要点

　支援・受け入れ側の対応要点を整理します。第4章で説明した「信頼関係を築く3段階」の図に、第0段階「リタイアさせない」を加えました（**図表A-1**）。支援・受け入れ側がフォローしなければならないのは第0段階と第1段階ですので、この2段階について対応要点を説明します。

◈ 第0段階「リタイアさせない」

　まずは第0段階「リタイアさせない」ための対応ポイントを見ていきます。

　来た当初は元気だったのに、だんだんおかしくなって帰らざるを得なくなるのは、送り出した側にとっても現地社員にとっても、もちろん本人にとってもプラスになりません。最低目標はまずここにします。

第0段階	リタイアさせない
第1段階	バカにされない
第2段階	親近感を生む
第3段階	コミュニケーションを取る

図表A-1　信頼関係を築く3段階＋「第0段階」

　先ほども触れましたが、「もう大人なんだから」と相手を自立した個人と見がちですが、生活リズムに気をつけてあげるのは大事だと思います。ここが崩れると全部が崩れます。すごく基本的な話ですが、オフの日や週末にちゃんと起きているか、平日の夜に何時ぐらいまで飲んでいるか、朝礼のときに居眠りしていないかなど、最低限の生活リズムが自分で取れているかどうか、気を配ってあげてください。ストレスからの深酒は体調に直結しますし、夜遊びがすぎると本人の家庭問題になったり、社内外の仕事関係にも影響を与えたりします。

　実際、こうしたことが原因で帰任になる方は結構います。新任駐在員が1人で抱え込んでズブズブと沼に入っていかないように、支援・受け入れ側がしっかりとアンテナを立てておいてください。面と向かって言わなくても、周囲の先輩駐在員に「週末ちょっと声をかけてみて」と頼んだり、外に出るときは誘ったり、方法はいろいろありますよね。会社によっては土曜や日曜も食事は駐在員同士で一緒にしようと決めているところもあります（もちろんプライベートで予定がある人にまで強制する必要はありませんが）。そうやって、まずは本人が生活を整えるのをサポートします。

　世話焼き役の先輩社員をつけておくのもいいでしょう。トレーナー、コーチ、メンター、肩書は何でもいいです。正式に任命もしなくていいですから、面倒を見る役割の人

がさりげなく気を配って、時々食事をして話を聞く機会を作るのです。私もこの役割を引き受けることがあります。着任後半年ぐらいの間、部下との関係を改善できるように持っていったり、本人の空回りをかみ合うように調整したりします。仕事だけではなく、プライベートも注意しておいた方がいいと思います。

◈ 第1段階「バカにされない」

第1段階「バカにされない」をクリアしてもらうには、何度も言いますが、酒の飲み方に気をつけてあげてください。いつも社内宴会に付き合って泥酔しているとか、上司に毎晩遅くまで引っ張り回されているとか、翌日に支障が出ていればわかります。本人が嫌がっているのに上司が付き合わせていないか、あるいは自分だけで引きこもって深酒していないか、ちゃんと「大丈夫?」と声をかけてください。

もう1つは、部下との距離を適切に保てているか、チェックしてください。まったく交流していない、部内の食事会や飲み会を開いていない、特定の人としか付き合わないなど、周囲との関係に問題がないかどうかです。

着任後、最初の半年に独自色を出すのはリスクが高いですから、半年ぐらいまでは新しいことを始めたり、過去にやってきたことを否定したり、大きな改革を始めたり、懲戒などの処分を連発したりしてないかというのも見ていて

ください。

　絶対にやってはいけない行為は、小突く程度であっても
中国人社員に手を出して注意することです。3年ぐらいい
て、お互い信頼関係がしっかりできていれば違いますが、
行って半年では、日本の社風ではオッケーでも中国ではま
ずいです。

エピローグ　中国駐在員のうれしい話

　本書では中国駐在員のネガティブな面を主に取り上げましたが、もちろん、中国に駐在して「よかった」と感じることもたくさんあります。駐在期間を満了したときに「いやぁ、中国は大変だったけど、やってよかった」と思って帰任の途につく方も大勢います。

　そこで最後に、エピローグとして、そんなうれしい話の実例を紹介します。

◇うれしい実例①「あの張君が…」

　最初は、中国人の部下が大きく成長した話です。その会社は比較的大きな会社で、製造部だけでも5つの課がありました。課長は全員中国人で、そのうち1人が、張君という二課の課長です。張君はものすごく優秀なところと、欠点が混在する人でした。優秀なところは、自分の部署に会社から課題を設定されると、あらゆる手を使って達成することです。しかも目標を大幅に上回ります。新しい設備やラインに変えるような場合、自主的に土日を返上し、あっという間にモノにします。課題があれば潰し、部下のケアもちゃんとします。部下にはハードワークを求めますが、自腹でメシに連れて行ったり飲みに連れて行ったりして、部

下の心はガシッとつかんでいます。部署では「絶対達成！」と盛り上げていろんな課題にバンバン当たっていくので、二課の成績はいつも突出していました。

　ところが張君には弱点がありました。「自分の課以外はライバル」という思いが強すぎて、他の課との折り合いを一切つけようとしません。だから製造部全体で何かを取りまとめる際など、課を超えた協力が必要になっても協力しようとはしませんでした。「自分は部長じゃないし、自分に責任があるのは課の実績だから二課の仕事だけやる」という態度だったのです。課長として間違いではありませんが、部長以上を狙える人材としては、痛い弱点でした。

　将来を期待する総経理としては悩みのタネで、こういう姿勢では、なかなか部長クラスに上げることは難しくなります。仕事を任せれば抜群だけど、組織としてはいろんな摩擦もあって、根気よく言い聞かせるしかないと、総経理はよく私にこぼしていました。

　さて5年ほどたって、その総経理が帰任することになり、私のところに挨拶に来られました。それで思い出して「そう言えばあの張君、どうしていますか？」と聞いてみたら、「いや、それがね、こないだ部長に上げたんだよ」と言うんです。「えー、大成長じゃないですか。周りとの折り合いはついたんですか」と聞くと、ある時点から本人が変わったと

言うのです。張君は、二課を離れて五課に移りました。移ってからは、別の課がうまくマネジメントできなくて困っていると、自分の課のナンバーワンを差し出すようになったそうです。「ウチの副課長ならできるから任せてください」と。「自分の課の1番手を出してしまって大丈夫か」と聞くと、ウチは下もしっかりしていて、むしろポジションが詰まっている状態だから1番手がよその課に行けば2番手3番手が張り切るので全然問題ないと言って、他の課のフォローを入れるようになりました。

こういうことができるようになると、張君の昇格人事には誰も反対しません。今は部長でバリバリやっているという話でした。張君が変わった理由は、この日本人駐在員が投げ出さずにずっと彼と向き合い、「それではダメだ」と言い続けてきたからです。部下の成長ほどうれしいものはありません。

◇うれしい実例② 「オヤジ、次も一緒にやろう」

次は、小さな会社の駐在員の話です。その駐在員は数年間中国で頑張っていたのですが、中国での事業がうまくいかなくなって、拠点を閉めなくてはならなくなりました。もちろん、駐在員も日本に戻ります。

いよいよ明日中国を離れるというときに、一緒に頑張ってきた部下が訪ねてきました。「次もぜひ中国で一緒にやり

たい、今回は残念だけど、もし別の会社や別の拠点で中国に出ることがあれば、絶対自分を引っ張ってくれ、必ず行く」と言ってくれたのです。その駐在員は、「普段、厳しいことを言ってきたけれど、付いてきてくれたんだなと思った」としみじみ言っていました。

◈うれしい実例③ 「あのひと言に救われた」

　ある駐在員が帰任のときに、送別会で飲んでいたら、1人の女性社員が来て「赴任された半年後ぐらいに、私にアドバイスをしてくれました。たぶん覚えてないと思いますが」と切り出しました。本人はまったく覚えてなかったので、「そうだっけ、覚えてないや」と正直に言うと、実はあのとき、すごく悩んでいて、「もうこの会社を辞めようと思っていた」というのです。

　でもアドバイスをもらって、「もうちょっとこの会社で頑張ってみよう」と思いとどまり、振り返ると、「あのときに辞めなくてよかった」と思えるので、「あなたに救われました」と言ってくれたそうです。そういう言葉を聞くと、自分が駐在した意味が少しはあったと思えますよね。

◈うれしい実例④ 「娘が留学するので一緒に食事をしよう」

　送別会のときに、「また中国に来たら一緒に食事をしよう」なんて社交辞令で言ってくれる社員はいっぱいいますが、帰任して何年も経ってから連絡をくれる人はまずいま

せん。でも、連絡をもらえたらうれしいものです。

　ある元駐在員は、帰任してから数年後、当時の部下から突然メールが届きました。その元駐在員は中国語がよくわからないので、グーグル翻訳にかけてみると、「娘が千葉に留学することになったので、最初だけ付いていく。そのとき、ぜひ一緒に食事したい。ただ、千葉から会社への行き方がわからないので、どうやって行けばいいのか教えてほしい」という内容でした。この会社は愛知県にあります。何年も経っているのに、日本へ行くから会いに行くと連絡をくれて、しかもそんなに近くないところからわざわざ行くと言われると、「一緒に働いていてよかったと思ってくれているのかな」と、後からじんわりとうれしくなる話です。

◇達成感や納得感のある任期全うを
　こういう事例を聞くと、「自分が駐在員の任期を全うしたとき、どのように見送られるだろうか」と考えますよね。できればすべての駐在員に、「やることは尽きないし新しい課題は出てくるけれど、自分としてはやることはやりきった、後は任せた」と思っていただきたい。達成感や納得感のある任期を全うしていただきたいと思います。

おわりに

　最後に、本書の先の話をしたいと思います。私は、日本・中国での経験と、タイやフィリピンでの経験が少々あるだけですが、世界中のいろいろな国を経験した経営者や管理者とお会いする機会があります。そこで中国の組織をどうまとめるかについて話をしていると、「それ、インドでもまったく同じ」といった反応が多くて初めのうちはびっくりしました。

　インドだけでなく欧州、アジア、アメリカ大陸の経験者からも同じような反応があります。何となくですが、現地に深く入って組織をまとめてきた百戦錬磨の人ほど、こういう傾向が強いように思います。

◈ 日系現地法人の共通四課題

　自分でも中国以外を知ろうとアジアの国を回ってみて、あるとき気がつきました。日本企業が海外で直面している課題の多くは、勝手の異なる異国だから生じているのではなくて、実は日本企業だから生じているのではないかと。

日系現地法人の共通四課題

課題①	一貫性断絶の谷
課題②	意思疎通の壁
課題③	誤った現地化の闇
課題④	組織老化の錆

そこでまとめたのが「日系現地法人の共通四課題」です。日本企業が海外に出たときに直面しがちな人と組織の課題を4つにまとめました。

　中国、タイ、フィリピン、インドネシアなど、人の気質や文化が異なり、宗教や法律が違う国でも、「人と組織」に関する重要課題は共通している、というのが私の持論です。提供する商品やサービスはお国柄に合わせて調整が必要なものの、組織づくりの原則は共通している。なぜなら、どの国に行こうが、「多文化混成組織」という点では同じだからです。

　日本人は、言語や主食や目の色・髪の色が同じで、宗教は1つではないものの宗教の違いをほとんど意識しません。クラスメートの何割かの国籍や民族がバラバラ、日本語が通じない、クリスマス会という名称は控える……といった経験もかなり少ないと思います。私が通っていた田舎の学校も、学年で1人か2人、留学生が来るとザワついたものでした（今はだいぶ変わっているでしょうが）。

　このように同質性が強く、そしてよりよい暮らしを確保するために「英語が必須手段だ」とか「チャンスがあればどこでも海外へ」という感覚ゼロの国は、本当にまれだと思います。それでも困らず暮らしていけるというのは日本が豊かな証なのですが、海外で事業を営む、海外人材を活用するという話になると、この特性は大きな障害となり得ます。

◇◇ 課題①一貫性断絶の谷

　共通課題の1つ目が「一貫性断絶の谷」。これは3〜4年程度で交代する駐在員が現地マネジメントを行うという日系企業特有の管理体制に起因する課題です。駐在員の引き継ぎ期間は通常1〜3カ月です。ひどいとマイナスということもあります（前任者が帰任して、しばらくしてから後任が赴任）。

　取引先への挨拶、資料の引き継ぎ、食事処や飲み屋の紹介といったことは引き継げますが、引き継ぎ困難なことがあります。それが「部下との信頼関係」「失敗経験の蓄積による判断力や嗅覚」「社史に載らない組織の歴史」などです。1年くらい任期が重なると、こういった引き継ぎもある程度可能でしょうが、2カ月程度では無理です。人・組織づくりのためには、この引き継げない内容こそが重要なのです。

　駐在任期を4〜5年程度に延ばすと、断絶機会が減り、1人の駐在員が組織育成にかけられる期間も長くなるので、この課題解決に有効ですが、これには本社の制度・ルールを変える必要があるため、ハードルはかなり高いでしょう。この一貫性断絶の谷をどう越えるかというのが、1つ目の課題です。

◇◇ 課題②意思疎通の壁

　2つ目の課題が「意思疎通の壁」です。言語の壁は日系だ

けではなく外資系企業すべてに言えることですが、意思疎通の壁＝言語の壁ではないのに「言語の問題を解決すれば意思疎通の問題はクリアできると思い込んでしまっている」というのがこの課題です。

　意思疎通の壁は、実は「言語の壁」「文化の壁」「立場の壁」の3つあります。

　文化の壁とは、正確に言語を訳しても、習慣や宗教など文化的背景が異なると、相手の意味そのままでは受け取れないという壁です。例えば、日本人はお土産を持参する際、謙遜で「つまらないものですが」とか「近くに寄ったので」と言いますが、国によっては「なんでそんなもの持ってきたんだ」とか「ウチはついでか」と思われます。

　立場の壁とは、お互いの社会的立場・企業内の立場が違うと、ものの見方や感じ方がまったく異なるという壁です。例えば、日本人から見れば、無償提供している食堂の肉の量や味付けでいちいち文句を言うなと思いますが、中国の製造業においては、社員の流動率やストライキにつながることさえある労務上の重要な領域です。

　幼小のころから言語の異なるクラスメートや知人とのコミュニケーション体験があると、3つの壁があることを体で理解しています。ところが日本人のようにそういう経験が

ないと、「言語の壁さえ越えれば大丈夫」「優秀な通訳がいれば大丈夫」と思い込んでいます。この思い込みこそが、2つ目の課題の解決を難しくしています。

◈課題③誤った現地化の闇

　3つ目の課題が「誤った現地化の闇」です。課題①や課題②の対処を間違えると、駐在員が「各部門の業務を把握できない」とか「日本語の話せる社員に依存する」といった事態が生じ、業務にブラックボックスが生じます。

　「職責権限の明確化や権限委譲を行っていないのに、なし崩し的に業務が部署や個人の裁量で動いている」「駐在員上司はいても部下たちが何をやっているのかわからない」「わからないけれど業務は回っている」「ブラックボックスがあちこちにあって、担当社員が辞めると引き継ぎできずに混乱する」「不正があっても気づかない」――。こうなると、駐在員は存在するだけで、本当のリーダーシップもマネジメントも発揮できません。組織の改革や成長も不可能です。

◈課題④組織老化の錆

　そして、進出から15年あたりで出てくるのが課題④「組織老化の錆」です。古参社員が幹部の座を占め、グレーや黒の既得権益を握り、守旧派と化す。ポジションは埋まっているため若手には未来が見えず、有能な人は潰されたり失望したりして会社を去って行く。

深刻化すると、上からそろって新たな挑戦や改革を拒否するようになります。会社業績が厳しくても、幹部は自己派閥の利益確保にしか興味がなくなります。経営者が号令をかけても誰も動かず、ここまで来ると改革するより、会社を潰して新会社を作り直す「リセット」の方が楽です。

組織老化の問題は、課題①～③を注意深く解決しながら経営してきた組織でも起こり得るため、解決せず内包してきた組織では、かなり悲惨な事態が待っています。

ここまで見てきた通り、これらは中国やタイだから生じる課題ではなく、日系企業が海外で多文化混成組織を経営する際、どこででも生じる課題です。ということは、解決方法を確立すれば、中国以外の国でも同じように成果をあげられるということです。

皆さんが中国で成果をあげて帰任すると、いずれ他国に赴任する、または複数の拠点や国をまとめる立場になる機会があるでしょう。中国で「共通四課題の解決」に取り組んでおけば、将来、必ず役に立ちます。海外依存度がどんどん高くなる会社であれば、日本本社のグループ経営においても役に立ちます。

限られた任期を有効に濃く使って、多文化混成組織のリーダーとして活躍されることを応援しています。

短いあとがき

　本書の最初でも書いたように、この本の内容は、私が現地や日本でお会いした経営者・管理者の皆さんの実体験・実例から学んだことです。私の独創や創造はほとんどありません。

　それから、私がこれまでに書いたり話したりした内容をベースに、文字起こしし、全体構成を考えていただいた吉村明子さん、日経ＢＰの松山貴之さんがいなければ、遅筆・サボり癖の私が本を世に出すことなどあり得ませんでした。

　そして、私が手がけたかのように書いたことは、すべて、Dao and Crew.のチームメンバーたちとの共同作業です。

「日本人の犬みたい」と言われ悔し涙に目を腫らした夕暮れ。入居ビルからオフィスが追い出されたときの嫌がらせ。耐えに耐えて果たした独立。喜怒哀楽を共にしたチームの相互信頼と献身——がなければ、これだけ重い課題、複雑な関係、後ろから弾を撃つ輩が混じった仕事を、楽観的に手がけることなど不可能でした。

　この本は、そんな皆さんとの合作です。直接・間接に関わっていただいた皆さんに、感謝します。

　最後に、家でも旅行先でも仕事を離さない私を、文句も言わず応援してくれる家族にも、この場を借りて、「ありがとう」と言いたいです。

2020年2月

小島庄司

著者プロフィール

こじま しょうじ
小島 庄司

多文化混成組織の支援家、Dao and Crew 船長。

1973年愛知県生まれ。神戸大学法学部卒。コクヨ、UFJ総研を経て、あと半年で資金が尽きる現地法人の生き残りを託されて2004年に渡中。落ち穂拾いのように現地日系企業の悩みや厄介事を受けて対処するうち、その価値と面白さに目覚め、労務・組織・人事・法務などの「野戦病院」「駆け込み寺」として知られるようになった。問題社員ネットワークでは「アイツはブラックだ」と言われることも。

前身の日中合弁会社から事業継承し、小島（天津）企業管理咨詢有限公司（Dao and Crew.）を設立。撤退・合弁解消・現地幹部の解雇・リストラなど日本側の決裁案件が増えたため2017年に日本法人を設立。上海・天津・神戸の3拠点（2023年時点）。日本の起業家支援、中国・アジアをつなぐ課題解決、海外に無縁な経営者への情勢解説など、多文化混成組織の潜在力を開花させ、その面白さを伝道する仕事に飛び回る。

中小企業診断士、日本商工会議所 国際ビジネス環境整備専門委員／東京商工会議所 国際経済委員会学識委員、神戸市海外ビジネスアドバイザー、刈谷ものづくり大学 教授。

半私信のレターは、帰任後も継続を希望する方が多い。

WeChat ID：Dao and Crew（中国側で情報発信）

http://www.daocrew.com（無料レター登録も）

中国駐在ハック

2020年6月8日	第1版第1刷発行	著　者	小島 庄司
2023年10月16日	第2刷発行	執筆協力	吉村 明子
		発行者	森重 和春
		発　行	株式会社日経BP
		発　売	株式会社日経BPマーケティング
			〒105-8308
			東京都港区虎ノ門4-3-12
		装　丁	bookwall
		制　作	マップス
		編　集	松山 貴之
		印刷・製本	大日本印刷

©Dao and Crew 2020　Printed in Japan
ISBN978-4-296-10542-7